百戦錬磨のディーリング部長が伝授する

「株式ディーラー」プロの実践教本

Practical Textbook for Stock Traders

工藤 哲哉 ［著］
Tetsuya Kudo

日本実業出版社

はじめに

　「自社の若手ディーラーに読ませたいと思うような、株式ディーラーのための教科書を書いてもらえませんか」という提案を出版社の方からいただきました。仕事として株のトレードを行なっている以上、リスクをコントロールしながら継続的に利益を上げ続けなければならないわれわれが、何を考え、何をしているのかは、個人投資家も非常に関心があるし、間違いなく役に立つ内容になるから、というのがその理由です。

　そうした要望にどこまで応えられたかわかりませんが、私自身が二十数年というディーラー（プロップ・トレーダー）人生を通じて経験したこと、そしていまディーリング部門のマネジメントをしながら考えていることなどを盛り込みながら、「大切だ」と思うことを何とか体系的に構成して一冊の本にまとめてみました。

　ファンド・マネジャー（ヘッジファンド、投資信託）、プロップ・トレーダー、ディーラー、個人投資家……、マーケットのなかで運用をする人たちはさまざまです。私には、それらのどの立場の人にも、友人や知人がいます。どの立場が優れているとか、上だとか下だとかではなく、それぞれの立場で尊敬するべき運用者は存在します。そして、誰もがマーケットが大好きな人たちばかりですから、共通するもの、共感できる

ものを、少なからず持っています。そして、組織や資金量などを別にすれば、やるべきことは、個人投資家も含めて同じです。

したがって本書は、これからプロの運用者としての成長を志す若い人たちに何かを伝えられたらという思いで書いているのですが、個人投資家のみなさんにとっても役に立つ内容になっていると思いますし、多少なりとも、参考になる点を見つけていただけたらうれしく思います。

また、プロレベルのすごい個人投資家の方ばかりでなく、少額で株を始めた、あるいは始めてみたいというような、本当に一般の個人投資家の方にも、ぜひこの本を通じてマーケットに興味を持ってもらえたらと思います。もちろん、プロのように人生をかけるほどに頑張らなくていいので、マーケットを楽しんでください。わずかな金額でも何かの株に投資をすると、ニュースや新聞が気になるようになるでしょう。そして、自分が直接かかわるものとして、経済というものへの興味も持てるようになります。日本は株式会社を中心とした資本主義経済です。経済を知ること、学ぶこと、投資を学ぶことは、本来とても大切なことなのです。

私は1990年代前半に、新卒からディーリング部門に配属され、オプションを中心とした派生商品から、個別株式、ロングショート、プログラミングを活用した分析に基づくシステムトレードなど、さまざまな運用を経験してきました。

阪神淡路大震災、ベアリングス・ショック、山一ショック、ITバブル、株ブーム、リーマン・ショック、東日本大震災と激変する相場も見てきました。
　新卒でまだ何も知らず、若さと頑張りだけしかなかった人間も、ディーラーとしてそれなりに成長し、かなりの規模で運用ができるまでになりました。その後、シンガポールに渡り、ヘッジファンドの立ち上げなどに取り組んだ時期もありました。ディーラーとしては一人前になったつもりでいましたが、そこでグローバルに運用をしているヘッジファンドのマネージャーたちと知り合い、自分のスケールの小ささを思い知らされもしました。そしていまは山和証券という、東京の日本橋兜町に本社を置く証券会社のディーリング部長として、未来を志す50名弱のディーラーたちとともにさまざまな取り組みをしています。

　2000年代後半ぐらいから、「このままではいけない」という思いをずっと抱いてきました。とくに2010年以降、ディーラーという職種が「絶滅危惧種」と揶揄されていた時期がありました。後輩たちの多くが絶望し、未来に夢を描けなくなっているように思えました。自分が大好きなマーケットで仕事に懸命に取り組んでいる後輩たちのそんな姿は見たくない。彼らが未来を夢見て、自分の可能性に貪欲になれる環境をつくっていきたい。そんな思いでいまの立場にいます。
　現在、山和証券では、新卒・未経験の中途採用も含めて未

来のディーラーを育成する取り組みを続けています。ほんの数年でトッププレーヤーの仲間入りをしてくれたディーラーもいます。彼らがより大きく羽ばたいていくことが、会社にとってだけではなく、この業界、マーケットにとっても大事なことなのだと思います。そして、彼らが活き活きとした表情で、自分の仕事を楽しんでくれている姿が、何よりも私にモチベーションを与えてくれています。

　マーケットという職場には危険が少なからず存在します(きっと大自然と同じように)。
　私は趣味でスキューバ・ダイビングをしています。最高に楽しいレジャーだと思っていますし、本当に気分転換をさせてくれるものです。しかし、それを純粋に楽しんでいられるのは、信頼できる経験豊富なガイドが常にそばにいてくれているからこそだと思うのです。たしかにライセンスは取得しましたし、最低限、自分を守ることができる知識はあるはずです。しかし、急に流れが強くなったり、器材のトラブルが起きたり、何か想定外のことが起きたりしたとき、一人で冷静にやるべきことをきちんとできるかと問われれば、確信は持てません。
　相場の世界も同じことです。穏やかだと思っていた相場が、突然大荒れになるような、思わぬ事態に何度も直面します。そんなとき、マーケットの世界では、ダイビング・ガイドのように「こうすればいいよ」と安心させてくれる存在はなか

なか見つけられません。ディーラーは、どんなに同僚や仲間たちと仲良くしていても、場中は孤独なものです。何かが起きたときに「ここで売りなさい」「ここで買いなさい」と教えてくれる存在はいません。

マーケットと向き合うときは誰もが孤独で、自分で考えて行動し、その結果を自分が受け止めるしかありません。それは個人投資家でもまったく同じです。そもそも個人投資家の場合は、ライセンスをとらなくても、基本的な知識も何もないままにすぐにマーケットに入っていくことができます。

プロの運用者であっても個人投資家であっても、危険な場所でもあることを理解し、身の守り方を知ったうえで、この世界を楽しめるようになって欲しい――。そういった気持ちで本書を書きました。ですから、「〇〇万円を〇億円にした」とか、「必勝法」とか、そういったものを期待されているのなら、面白くないと思います。私は長年、「しがないディーラーのブログ」(https://ameblo.jp/tetsu219/)というものを書いていて、そちらを読んでいただいていた方ならおわかりでしょうが、決して派手な内容のものではありません。

しかし、何も知らなかった若者が、業界でそれなりに評価されるレベルまで、運用者として一歩ずつ階段を上ってきた経験はあります。相場で痛い目をみてきたからこそ書けること、それを乗り越えてきたからこそ書けることはあります。そのなかから何か一つでも、役に立つと受け取ってもらえるものがあればうれしく思います。

相場の世界に絶対的な正解はありません。だから同じである必要もありません。違う人たちがたくさんいるからこそ、マーケットは成り立っているのです。そのなかで自分が生き残っていく道を、自分なりに見つけ出していくしかないのです。それは辛くて険しい道かもしれないけれど、あなたがマーケットを大好きなら、きっとそれすらも糧にして成長していくことができるでしょう。ぜひマーケットを楽しんでください。そして大好きでいてください。

　2018年3月

工藤哲哉

はじめに

第 1 章

株式ディーラーという職業

1-1 ディーラー？ それともトレーダー？ …… 012
1-2 同じ「運用者」でも実像はさまざま …… 015
1-3 大きく変わった株式ディーラーの世界 …… 019
1-4 取引手法の多様化が活路に …… 024
Column 「やられるな」の一言がディーラーをつぶす …… 028
1-5 株式ディーラーの1日 …… 030
1-6 「売りで儲ける」ということ …… 032

第 2 章

ストラテジーごとの特徴と
共通する「取引の基本動作」

2-1 「取引の基本動作」について …… 036
2-2 超短期売買の特徴と性格的な向き不向きなど …… 043
Column 「誤発注」には気をつけよう …… 046
2-3 スイングトレードの特徴と性格的な向き不向きなど …… 048
2-4 中長期投資の特徴と性格的な向き不向きなど …… 051

第 3 章

プロが教える勝利の方程式①
超短期売買

3-1 超短期売買の事前準備 …… 060

contents

3-2　場中に心がけるべきこと ……065
3-3　エントリーする際のポイント ……068
3-4　テクニカル分析について——移動平均線 ……071
3-5　場中のニュースについて ……076
3-6　エグジットのポイント ……080
3-7　ターゲット・プライスとロスカット・ラインの決め方 ……085
3-8　ポジション・コントロールのポイント ……090
3-9　超短期売買のポイントのまとめ ……095

第 4 章

プロが教える勝利の方程式②
スイングトレード

4-1　スイングトレードの事前準備 ……098
4-2　エントリーのポイント ……105
Column　株式ディーラーのトレーディング・システム ……108
4-3　エグジットのポイント ……110
4-4　テクニカル分析について——MACD ……113
4-5　スイングトレードのポイントのまとめ ……119

第 5 章

プロが教える勝利の方程式③
中長期投資

5-1　中長期投資の事前準備 ……122
Column　ディーラーを支える人たち ……124
5-2　エントリーのポイント ……126
5-3　エグジットのポイント ……128
5-4　ポジション・コントロールのポイント ……130
5-5　中長期投資のポイントのまとめ ……132

第 6 章

デリバティブ取引について

- 6-1 デリバティブ取引とはどういうものか？ …… 136
- 6-2 先物によるアウトライト取引（日計り・スイングなど）…… 138
- 6-3 ヘッジトレード（裁定取引）…… 147
- 6-4 オプション取引 …… 151

第 7 章

株式ディーラーのメンタルコントロール

- 7-1 短期になるほどメンタルコントロールはむずかしい …… 160
- 7-2 怖さと向き合いながら努力する …… 162
- 7-3 いったん相場から離れることも大切 …… 164
- 7-4 メンタルは鍛えることができる …… 169
- 7-5 〔ポイント①〕一度負けたら相場と距離を置く …… 174
- 7-6 〔ポイント②〕トレード・ポジションを客観的に分析する …… 177
- 7-7 〔ポイント③〕非合理的な行動をとらない …… 179
- 7-8 〔ポイント④〕トレードの「根拠」を見失わない …… 182
- 7-9 〔ポイント⑤〕観察者になれるのが理想 …… 185
- 7-10 〔ポイント⑥〕自分はただの凡人であると自覚する …… 188
- Column 一つ一つのトレードを丁寧に …… 190
- 7-11 〔ポイント⑦〕大きくなるには時間がかかる …… 192
- 7-12 メンタルコントロールのポイントのまとめ …… 196

第 8 章

株式ディーラーのマネーマネジメント

- 8-1 トレードのパフォーマンスを分析する …… 198

contents

8-2 お金の色を見極める……202
8-3 ポジションに強弱をつけた運用を心がける……207
8-4 リスクとリターンのバランスを考える……213
8-5 すべてをとりにいこうと思わない……218

第 9 章

マーケットプレーヤーの変化とトレード手法の変遷

9-1 1990年代——隙間（収益機会）に恵まれていた時代……222
Column 証券ディーラーの一つの役割……230
9-2 2000年前後——ITバブルとその崩壊……232
9-3 2010年前後——リーマン・ショック、そしてHFTの台頭……239
9-4 2020年以降——FinTechが変える未来……244

イラストレーション／髙木一夫
装丁・DTP／村上顕一

第 1 章

株式ディーラーという職業

Practical Textbook for Stock Traders

SECTION 1-1

ディーラー？
それともトレーダー？

　「株式ディーラー」という言葉は、実は日本でしか通用しません。

　海外の方に自分の職業について話をするとき、「株式ディーラーです」と言うと、ほぼ間違いなく、「？」となります。あるいは、「ディーラーって、クルマでも売っているのか？」などと言われたりもします。

　海外では、ディーラーではなく「トレーダー」という呼称が一般的です。投資商品の売買を行なう人を一般的にトレーダーと呼びます。そして、トレーダーには所属している会社の自己資金を運用する「プロップ・トレーダー」と、顧客からの注文をさばく「エクゼキューション・トレーダー」などがいます。ちなみに英語で書くと、プロップ・トレーダーはProprietary Traderであり、エクゼキューション・トレーダーはExecution Traderになります。

　外資系証券などでは「プロップ・トレーダー」、日系証券では「ディーラー」と呼ばれてきたのが、われわれのような

証券会社の自己勘定によって相場と向き合い、収益を上げることを目指す職種なのです。

　リーマン・ショック以降、国際的に、金融機関の保有するリスクに対して規制が強化される流れが強まりました。米国ではボルカー・ルール、ドット・フランク法などによって規制されることとなり、外資系証券や大手証券などの国際的金融機関は自己勘定によるプロップ・トレーディングを、かつてのように自由度の高い形では行なうことがむずかしくなりました。近年では、純粋に相場観のみで自己勘定取引を行なう会社はだいぶ少なくなっているのが実情です。

　本書ではこのうち、所属している証券会社の自己売買部門に携わっているプロップ・トレーダーの運用について、私自身の二十数年に及ぶディーラー生活のなかで学び、身に付けてきた経験やポイントを記したいと思います。

　したがって本書は、「プロ・ディーラー向けの教科書」として、これからディーラーとしての成長を志す若い世代の方たちに何かを伝えられたらという思いで書かせていただきました。組織や資金量などを別にすれば、やるべきことは個人投資家であっても同じなので、個人投資家のみなさんにとっても役に立つ内容になっていると思います。

　詳しくは第9章で解説しますが、20年ほど前から、日本にもインターネット証券会社が誕生したことによって、個人で株式投資をする際の環境は大きく変わりました。

　インターネット証券会社が誕生する以前は、それは非常に

のどかな時代で、電話で証券会社に注文を出し、それを受けた証券会社は手書きの伝票を用いて取引所に注文を出していました。

　それが、インターネット取引の普及や通信速度の高速化により、投資家がインターネット上で売買注文を出すと、瞬時に取引が成立するようになりました。いまや個人投資家は、証券会社に属しているプロのディーラーとほとんど変わらない環境で、株式の売買ができるようになったのです。

　したがって、おそらく個人投資家にとっても、プロ・ディーラーの取引手法から学ぶべき点は非常に多いのではないかと思われます。

SECTION 1-2

同じ「運用者」でも実像はさまざま

　「運を用いるから運用という」などという話もありますが、運用者といっても実にさまざまです。もちろん、われわれディーラーも会社の自己資金を運用していますから、運用者の端くれです。

　運用者にはざっくり分けると3タイプがあります。それは、

・ファンド・マネジャー
・ディーラー
・個人投資家

です。ファンド・マネジャーとは、投資家からの運用委託を受けて、ファンド（基金）の運用を行なっている人たちのことです。たとえばヘッジファンドや投資信託などが、これに該当します。

　ヘッジファンドや投資信託のファンド・マネジャーは、投資家から集めた資金を元手にして運用を行ないます。たとえ

ば投資信託なら、銀行や証券会社などの販売金融機関を通じて、大勢の個人からお金を集め、それをひとまとめにしてファンドを組成し、それを通じて世界中の株式や債券、不動産、コモディティなどに分散投資します。

　ただ、こうしたファンドを運用するファンド・マネジャーの場合、投資家に交付する目論見書に記載されている投資方針に則って運用しなければなりません。投資方針からはずれた運用は一切認められないのです。

　もちろん、目論見書の中身次第で運用の自由度は変わりますが、ヘッジファンドであれ投資信託であれ、基本的には自分自身のお金ではなく、他人のお金を運用しますから、ファンド・マネジャーが自分の好きなように売買するわけにはいきません。事前に、投資家に対して提示している投資方針は、厳格に守る必要があります。

　このように、運用の自由度は非常に狭いファンド・マネジメント業務ですが、不特定多数の投資家からお金を集めるため、ファンド単体でみた場合、運用資産の規模は非常に大きくなることは大きな強みです。もちろん、運用成績が非常に良ければ、次から次へと新しい資金が入ってくるため、ますます運用資産の規模は大きくなります。そうなれば、さまざまな銘柄、さまざまな資産クラスにも資金を投じることができますから、実によく分散されたポートフォリオを構築することができます。「運用の自由度がない反面、より大きなお金を動かせる」のが、ファンド・マネジャーの面白さといっ

てもいいでしょう。

　一方、個人投資家はどうでしょうか。

　何といっても運用の自由度という点では、個人投資家に勝るものはありません。自分のお金を運用するわけですから、何に投資をしようと自由です。もちろん「休むも相場」といって、ポジションをとりたくないときは、何もしなくても上司から怒られることはありません。運用の自由度は個人投資家がいちばんです。

　その反面、個人投資家にも弱点はあります。それは、運用資産の規模が小さいことです。もちろん、ほんの一握りの方たちですが、個人でありながら運用資産の規模が10億円、20億円という方もいらっしゃいます。ただ、多くの一般的な個人投資家の場合は、少額資金での投資になりますから、たしかに誰の束縛も受けず自由に投資できますが、資金面でできることには限りがあります。

　加えて、この「自由にできる」という点が曲者で、自分の行動をチェックしてくれる人が誰もいないため、リスク管理がずさんになる傾向があります。そのため、「やっとの思いで増やしてきた利益を、あっと言う間に失ってしまう」こともあります（一般的に非常によくみられる出来事だと思います）。ですから、個人投資家として利益を積み重ねて増やしていくためには、自己をきちんと律していく強い自己管理能力が必要になります。

　それでは、ディーラーはどうなのかというと、おそらくフ

ァンド・マネジャーと個人投資家の中間、というイメージだと思います。

　運用できる資金がどれだけあるのかは、所属する金融機関に依存します。資本力・資金力が大きい金融機関にいれば、より大きな資金で運用できますが、そうではない金融機関に所属していると、その限界点はどうしても低くなります。また、運用についてはかなりの程度までディーラー本人の判断に委ねられますが、そうはいっても会社員ですから、会社が定めている運用のルールに従う必要があります。

　かつては、ヘッジファンドや投資信託のファンド・マネジャーに比べれば、株式ディーラーのほうが拘束は緩かったのですが、最近ではファンド・マネジャーよりも制約が厳しい金融機関もあるなど、ディーラーといえども、年々、運用の自由度は狭まっているというのが、私自身の正直な感想です。本書で解説していく「ディーラー」というのは、運用のイメージとしては、ファンド・マネジャーと個人投資家の中間的な存在であると覚えておいてください。

SECTION 1-3

大きく変わった株式ディーラーの世界

　ところでみなさんは、「株式ディーラー」という職業に対して、どのようなイメージをお持ちでしょうか。

　おそらく多くの方は、「短時間で株式を繰り返し売ったり買ったりしている、投機的で非常に落ち着きのない仕事」というイメージを抱いているのではないかと思います。個人投資家でも、数分単位で売ったり買ったりしている超短期志向の投資家がいますが、そういう人とイメージを重ね合わせている方が多いのではないかと思います。

　売りでも買いでも、保有したポジションを翌営業日以降に持ち越さず、その日のうちに損益を確定させる取引手法を「日計り（デイトレード）」といいますが、こうした取引手法は元々株式ディーラーが得意とするものではありましたが、さらに極端に偏るようになったのは、実は2000年代に入ってからのことです。

　それ以前の株式ディーラーは、もっと多様な取引手法を用いて運用していました。それが、いつの間にか会社の都合で

運用上の制約が増え、しかも、日計りで利益を稼ぐほうが株式ディーラーにとっても楽だったこともあり、多くの株式ディーラーが日計り商いに傾注していきました。そしていつの間にか、日計りが株式ディーラーの代名詞のようになったのです。

　いまから20年ほど前、私がルーキーだった1990年代、日本の株式市場はバブル崩壊の影響から抜け出せず、日経平均株価（以下、日経225と表記）は上がるきっかけを見いだせないまま、ひたすら低迷を続けていました。

　そんな時期ではありましたが、私が最初に入った証券会社のディーリング部門にいた先輩ディーラーたちは、本当にさまざまな手法を用いて、株式市場と日々、格闘していました。

　「裁定取引」といって、日経225のような現物株式で構成された株価指数とそれに連動するように設計されている先物の価格を比べ、現物株式が理論上割安な水準にあるときはその指数を構成している現物株式をまとめて買って先物を売る（裁定買い）、逆に現物株式が理論上割高な水準にあるときは現物株式をまとめて売って、先物を買う（裁定解消売り）といった取引を得意とする株式ディーラーもいました。

　あるいは、個別株式と転換社債（CB）やワラント債と組み合わせた取引を行なう人、割高な株式を売って割安な株式を買うロングショート戦略を行なう人、複数のオプション取引を組み合わせるストラテジーを行なう人、そして前述した日計りを中心とする超短期売買を専門に行なう人など、さまざ

まな株式ディーラーがいました。

　日計りを中心とする超短期売買というのは、かつては株式ディーラーが用いている手法の、ほんの一部に過ぎなかったのです。

　多くの株式ディーラーが日計りに傾注するようになった背景には、雇用体系の変化による影響もありました。

　かつては、成功報酬制度はほとんどなく、仮に10億円儲けたとしても、せいぜい賞与が多少増えたり、表彰されたりする程度でした。大半の株式ディーラーは所属する証券会社の正社員であり、新人の教育・指導も当たり前のように行なわれていました。先輩・後輩、上司・部下という関係が、そこにはあったのです。

　2000年代に入ると、株式ディーラーの契約化が進んでいきます。その理由は、成功報酬の高騰です。欧米のヘッジファンドの場合、一般的には利益に対する20％程度が成功報酬として支払われるのですが、それに比べて当時の日本の株式ディーラーの報酬は、著しく低かったのです。当然、それに対する不満が高まり、多くの証券会社は不満に対応するために成功報酬制度を導入していきました。

　しかし、その一方で他の職種の正社員からは、「なぜ株式ディーラーばかりが厚遇されるのか」という不満が強まり、それを正当化する手段として、契約化の動きが広まっていったのです。「1年契約で雇用リスクを抱えているのだから、成功報酬が高いことは正当化できる」という論理です。

そして契約化が進むと、株式ディーラーは解雇されるリスクが高まるため、自分の収益を上げることに集中していきます。後輩や部下の育成から離れていき、会社側も契約ディーラーに対しては食客的な扱いをするようになりました。
　多くの証券会社はお金やリスクを負担して人を育てても、稼げるようになると、より条件の良い会社に引き抜かれてしまうため、若い人材を育てなくなりました。結果として、知識・経験の継承もあまり行なわれなくなり、多くの株式ディーラーが、複雑で多くの学習や研究、ノウハウが必要なさまざまな取引手法を継承することがなくなり、単純な日計り商いに傾注するようになったのです。
　また、待遇に格差が生まれていったことなどから、管理部門と株式ディーラーとのあいだの溝が広がり、管理側もディーラー側もある意味「楽」なやり方である日計りに偏っていきました。そしていつの間にか「日計り＝株式ディーラーの代名詞」となっていったのです。
　そしていま、また時代は変わろうとしています。
　2010年、東証アローヘッドが稼動しました。東証アローヘッドとは、1秒の1000分の1にあたるミリ秒単位での高速約定を可能とする次世代取引システムのことで、これが導入されたことによって、売買注文が出されてから約定されるまでの時間が、大幅に短縮されました。
　それを契機に、欧米で圧倒的な売買シェアを誇っていたHFTが日本の株式市場に大挙して進出してきました。HFT

とは、High Frequency Tradingのことで、超高頻度取引ともいわれます。コンピュータのシステムを用い、ミリ秒単位以下という極めて短い時間内で(あるいはもっと短い時間内で)、さまざまな取引を行ない、小さな値幅の利ザヤをとりにいきます。

HFTの日本上陸は、日計りに傾注していた証券ディーラーを直撃しました。HFTはミリ秒単位という極めて短い時間でトレードを繰り返して利益を得る仕組みなので、同じ短期売買という土俵で日計りを行なっている株式ディーラーが最もダメージを受けることになりました。ディーラーの多くが参考にしていた「板情報」の動き方が根本的に変化した結果、板情報を参考に取引の状況を判断することができなくなってしまったり、板の動きが非常に高速になったことで、「注文を出したときにはすでに遅い」という状況が頻発したりするようになったのです。

結果、株式ディーラーはいつしか絶滅危惧種と揶揄されるようになり、各社のディーリング部門では縮小・撤退・閉鎖が相次ぎ、株式ディーラー人口は大きく減少してしまったのです。

SECTION 1-4

取引手法の多様化が活路に

　私はいま、山和証券という東京の日本橋兜町に本社を置く証券会社に属しています。大手証券会社とは比較にならないくらい経営規模が小さい地場の証券会社ですが、ことディーリングに関しては、証券業界でトップクラスの実績を持っていると自負しています。

　2017年12月現在、当社ディーリング部には48名のディーラーが在籍しています。2015年4月には大阪ディーリング室を立ち上げ、2016年4月にはシンガポールディーリング室もスタートさせました。

　山和証券ディーリング部の特徴は、取引手法の多様化を推し進めてきたことです。

　前述したように、日本の株式ディーラーは2000年代後半から、成功報酬制度が浸透してきたことによって、日計りを中心にした取引手法で収益を稼いできました。しかし、それも2010年1月の東証アローヘッド導入までで、それ以降はHFTが大挙して押し寄せてきたことによって、板読みに頼

っていた日計りの株式ディーラーは、勝つことが極めてむずかしくなりました。そういう時代の流れに対応するため、山和証券ではいち早く取引手法の多様化を進めてきたのです。

　これは、おそらく個人投資家にとっても参考になるかと思います。なぜなら、いまの個人投資家が置かれている投資環境は、私たちプロの株式ディーラーと大差がないからです。

「板読みがむずかしくて短期のトレードがなかなか儲からない」

　このような悩みを抱えている個人投資家は、大勢いるのではないでしょうか。そうだとしたら、意地になって日計りにこだわるのではなく、他の取引手法も試してみてはどうかと思うのです。

　ちなみに山和証券には、なかにはもちろん日計りで稼いでいる株式ディーラーもいますが、それ以外にもさまざまな取引手法を駆使してマーケットに対峙している株式ディーラーが大勢います。主だったものは次のような取引手法です。

① 日計り（デイトレード）

　手法としては、スキャルピングともいいます。翌営業日にポジションを持ち越さず、その日のうちに決済します。

　ごく短期の値動きをとりにいく投資手法で、人数的にはこのアプローチをする株式ディーラーが、いまでも比較的大勢います。

② **スイング**

　この取引手法は、ポジションを翌営業日以降も持ち越します。とはいえ、決して長期でポジションを持つわけではなく、数日程度の値動きをとりにいきます。株式ディーラーのなかでは、日計りと同様、この取引手法を用いる人が大勢います。

③ **中長期**

　日計りやスイングのように、株価の値動きをとらえるというよりも、企業のファンダメンタルズに重点を置いて分析を行ない、中長期で大きなリターンを狙う取引手法です。どちらかというと、投資信託のファンド・マネジャーに近いイメージです。また、ロングショート戦略といって、割高銘柄の売りポジションと割安銘柄の買いポジションを組み合わせて中長期保有し、収益を上げるという取引手法も、時間軸としては中長期に含まれます。

④ **デリバティブ**

　デリバティブとは派生商品のことで、時間軸はさまざまですが、先物取引やオプション取引がこれに該当します。先物取引やオプション取引を用いた超短期売買やさまざまな裁定取引、ストラテジーに基づいたポジショントレードなどさまざまな取引手法が含まれます。

　なお、デリバティブ取引についてはそれだけで一冊の本になるほど書くべきこと、知るべきことがありますが、本書の

目的はそこにはありませんので、第6章でその特性や歴史、一般的な知識までを解説するにとどめておきます。

　このように、株式ディーラーといってもさまざまなタイプがいて、各人が自分に合った取引手法を用いてトレードを行なっています。一見、バラバラで統一感がないようにもみえますが、実はこれが会社全体としてはリスクヘッジにもなるのです。
　全員が同じ超短期売買の株式ディーラーばかりだと、つい似通ったポジションを持ってしまいがちですが、取引手法がバラバラであれば、ポジションにも違いが生じてきます。その結果、日計りが儲からない局面でも、中長期のロングショート戦略では収益が確保されているなど、全体としては大きな損をせずに、厳しい局面を乗り切れるというケースもあるのです。

Column
「やられるな」の一言がディーラーをつぶす

　私はいま、ディーリング部長という立場で仕事をしています。自分でポジションを持つ仕事を離れ、全体のマネジメントを行なう立場です。

　実は業界的には、ディーラー上がりのディーリング部長というのは珍しいのですが、そんな私が常々感じていたことがあります。「株の運用でリターンを目指すために、どこまでリスクを許容すべきか」ということについて、マネジメント側にどれだけきちんと理解している人がいるのだろうかということです。

　2000年代後半ぐらいまで（自分が現役のころ）、会社側はかなりのリスクを許容してくれていました。自己ワーストの月間6486万円の損失を出したとき、会社から与えられていた月間損失限度額は7000万円でした。最近では、そんなリスクを許容してもらっているディーラーはあまり見かけません。

　たしかに、会社として許容すべきリスクについては、さまざまな要素を考えなければなりません。会社の経営状態、資本力、自己資本規制比率、収益力……。ただ、株の運用で収益を上げなければならないにもかかわらず、「損を出すな」と平気で言うのは無茶振りです。しかし驚くことに、そういうディーリング部長を何人も見てきました。

ディーラーは与えられたリスクの範囲内で、マーケットと向き合い、その許容されたリスク以上のリターンを上げるのが仕事です。私が月間6486万円の損失を出した時期の月間最高収益は2億円を超えていました。そのときの会社は、それを理解してくれ、サポートしてくれたのです。だからこそ自分は大きくなれたし、強くもなれました。

　ディーラーをつぶすのに刃物はいりません。「やられるな」というたった一言で、そのディーラーの可能性をつぶすことができてしまうのです。

　「ディーリングは儲からない」と決めつけて、ディーラーを責める前に、ディーラーたちにそれぞれの力量や実績に応じた適正なリスクを付与することができているかどうか、しっかりと考えてみるべきです。

SECTION 1-5

株式ディーラーの1日

参考までに、私が現役だったころ、どんな1日を過ごしていたかを**図表1-1**にまとめてみました。

ざっとこうして並べてみても、引け後にやることは山のようにありました。それぐらい反省や確認、準備に時間をかけていたのです。まだ若手だったころは、ここに伝票整理や照合などの仕事が入っていたため、毎日のように深夜まで会社にいました。

どんな取引をするにせよ、勝ちたいのであればその準備や努力を怠らないことです。私が知る限り、一流といわれたプレーヤーたちはすべて自分に厳しく、努力を怠らない人たちばかりでした。

ディーラーという仕事はとかく派手なイメージを持たれがちですし、その収入やお金の使い方ばかりがクローズアップされますが、トッププレーヤーたちはそれだけの裏付けがあってそこにいるのです。

図表1–1　現役ディーラーだったころの1日のスケジュール

4時	起床
4時～5時台	米国市場の引けにかけての動きをチェックしながら、寝ているあいだのニュースや材料の確認。日本市場関連の銘柄の動きの確認など
6時前後	通勤。電車内で日経新聞を読み込む
7時前後	出社。その日の材料やスケジュールの確認（その週のものは一通り頭に入れる）。情報端末などを利用して、その他のニュース・材料の確認。当日のマーケットの動きに対して、集めた情報を元にシナリオを組み立てる
8時	取引所の注文受付開始。板を確認し、注文の入り具合を見ながら、違和感がないかどうか、自分が組み立てたシナリオとのズレがないかの確認
9時	寄付き。この時間帯は比較的相場がブレやすいので、超短期取引においてはチャンスにもなる。ただ需給的なもので思わぬブレも出やすいため、自分は比較的価格が落ち着くまで見守ることが多かった
場中	トレードに集中
大引け	引けにかけても動きが出やすいため、超短期取引においてはチャンスにもなる。この時間帯のブレについては、そこまでの1日の動きから需給を推測できる面もあるため、積極的に参加していた。会社によっては規制しているところもある
引け後	自分のトレード内容の確認・反省。日中の動きに対して、自分の行動が適切であったかどうかの再確認 ・超短期売買（日計りについてはティックチャートと照らし合わせながら一つ一つ確認） ・監視銘柄（自分の場合は900銘柄弱）のチャート分析 ・主要指数や為替、金利、商品などのチャートチェック ・決算や指標の分析 ・データの収集・プログラムによる解析 ・翌営業日に取引したい銘柄のリストアップ。その監視用の画面登録 ・スイングなどの取引目的のものであれば、エントリーの価格、ロスカット、ターゲット・プライスの確認と登録 ・オプションのストラテジーなどのポジションについては、シミュレーターによる再計算とヘッジ・プランの修正 ・中長期保有の銘柄に関する材料・ニュースの整理と分析 ・その他の勉強など
夕方	ポジションがある場合や、トレード・チャンスがある場合は、イブニング・セッションでの取引。日によっては飲みなどの交流。そういった関係から得られるものも少なくない
夜間	ポジションがある場合や、トレード・チャンスがある場合は、ナイト・セッションや海外取引所での取引（できる環境がある会社に在籍していたとき）

SECTION 1-6

「売りで儲ける」ということ

　かつてのディーリング部門では、個別株式をやっているディーラーは売りをあまり得意とする人がおらず、「株は買いから入るもの」とまで言いきる年配ディーラーもいたものです。相場が下がる方向に賭けるということは、市場のためによくないという気持ちもあるのかもしれません。しかし、派生商品を得意とするディーラーは、下落相場が好きな人が圧倒的に多かったと思います。現役時代の自分も、怖いけれど緊張感があって、アドレナリンが出まくるような急落相場が好きでした。なぜなら、下げのほうがスピードも変動幅も大きくなりがちで、収益機会としては非常に魅力的なものだったからです。

　少し考えれば当たり前のことです。年金であれ、企業の持ち合いであれ、さまざまな形で圧倒的に多くの投資家は買いで株式を保有しています。ですから、株価がどんなに急騰しようが、それは利益が増える方向にしかいかないので、慌てる必要もなく、静観するか利食いを入れるかぐらいの話です。

一方、相場が急落すると、彼らのポジション・ポートフォリオには大きな損失が発生します。それに対して防衛行動をとらざるをえなくなり、ヘッジや投げ、追証発生からの強制ロスカットも出てきます。こういう動きになったとき、市場は感情むき出しになり、急落し、ボラティリティも上昇します。

　オプションでも、プットのインプライド・ボラティリティが常に高めであったりすることや、急落相場ではボラティリティが上昇し、急騰相場ではボラティリティは上昇しづらいという理由もここにあります。市場参加者のポジションは圧倒的に買いに傾いているため、ヘッジ・ニーズが高まるのは、あくまで下方向、下落局面なのです。ブラック・ショールズ・モデルでは上も下も対称にみえますが、そうした数式では測れない、市場の需給的な要因によるものです。

　とはいえ、売りで入ることは、とても怖いことです。「青天井」という言葉があるように、下げはどんなに下げてもゼロにしかなりませんが、上げはある意味無限です。空売り（先物などのショートも含む）を「将来の買い予約」という表現をする人もいます。売ったポジションはいずれ買い戻さなければならず、こういった動きがショート・スクイーズ（踏み上げ、53ページ参照）につながったりもします。一方で、急落局面で買い戻しが入ることでその歯止めになったりもするのです。全員が買いしかポジションがなくて急落した場合、なかなか買いが入らずにパニックはより拡大するかもしれません。

　成熟した経済をもつ先進国において、経済成長率はそれほ

ど高いものではありません。相場も決して右肩上がりの上昇のみを続けてくれるわけではありません。上がるときに儲けるのはもちろん、動かない相場でも、下げる相場でも稼がなければならないディーラーという仕事をする以上、「売り」という選択肢とも、真剣に向き合っていかなければならないのです。
　「傷つく人が多い急落相場で儲けるのは悪」と思うかもしれません。しかし、マーケットと常にフラットな姿勢で向き合い、合理的な運用指針に基づいて、収益の最大化を目指すのが仕事であるならば、私はそれでいいのだと思います。
　確かに、売りで収益を上げることに心苦しい思いをしたり、自問自答したりしたことも何度かあります。それでも、相場の動きから収益機会を探ることが職務である以上、感情とは切り離して、自分が与えられたポジションを最適な形で運用し、利益を最大化しなければならないと思っています。
　かつて震災時にそういった悩みを抱えていた後輩ディーラーに対して、私は「それが職務である以上、気持ちとは切り離して最適な取引を行なうことに注力すべきだ。でも個人として何かできることがあるなら、ボランティアでも寄付でもしていけばいい」と話したことがあります。
　上昇相場でも下落相場でも膠着相場でも稼ぎ続けなければいけないディーラーという仕事を考えたとき、「売り」という選択肢とも向き合う必要があるのです。

第 2 章

ストラテジーごとの特徴と共通する「取引の基本動作」

Practical Textbook for Stock Traders

SECTION 2-1

「取引の基本動作」について

　第1章で触れたように、プロの株式ディーラーは各人、得意とする取引手法を持っています。超短期、スイング、中長期、デリバティブというのが、その主だったところですが、本章では、それぞれの取引期間・手法ごとに、どのような特徴があり、どこがポイントになるのかといったことを掘り下げていきます。
　どのようなストラテジーや手法でも、適切な運用・取引を行なうにあたって共通している点があります。いずれも当たり前のことなのですが、変動し続ける株式市場で取引を続けていると、それをおろそかにしてしまいがちになるものです。そこで、まずはすべての取引手法に共通する、「トレードを行なう際の基本動作」について解説します。

・基本動作その1
　取引の目的と根拠を明確にする

「自分がその取引によって何をとろうとしているのか」を明らかにすることが大切です。
　どのような取引手法であっても、まず取引の目的と根拠を明確にします。それさえできていれば、無用な混乱を減らすことができます。
　日計りなどの超短期売買においては、ごく短い時間で生じる値動きをとりにいくのが取引の目的ですから、取引に際して見るべきもの、考慮すべき要素はある意味とてもシンプルです。
　これがスイングなど少しポジションの保有時間が長くなると、異なる要素が入ってきます。経済統計などのマクロイベント、決算発表やその他の個別企業イベント、チャートをベースとした値動き、オーバーナイトするのであれば欧米市場の動きやイベントへの予測など、見るべきもの、考慮すべき要素は、時間が長くなれば長くなるほど増えていきます。
　中長期の売買においては、ファンダメンタルズの変化による影響がより大きくなってきます。経済成長やマクロ政策、企業の成長、テクノロジーの変化や業界の変化など、さまざまなファクターから個々の銘柄の成長性や企業価値に対する株価の割高・割安を判断し、ポジションを持っていくことになります。
　自分が「どれぐらいの期間」で、「どれぐらいの運用規模」で、「どういった取引手法」で、「どれぐらいのリターンを目標とする（＝どの程度までリスクが許容できる）」のか。そうい

った「運用方針」をまず明確にしてください。株式ディーラーやファンド・マネジャーであれば、所属している会社や、運用するファンドの規定によって前提条件が変わるケースもありますから、それに合わせる必要も出てきます。

　そのうえで実際の相場のなかでは、こうした前提条件に従って取引するわけですが、そこでも一つ一つの取引の「目的・根拠」を明確にする必要があります。それが運用方針に対して合理性を失っていたり、異なる運用方針と混同していたりするものであれば、大きな失敗につながりかねません。

　たとえば、相場が急落する局面で「こんなに業績が良いのに下がるのはおかしい」という言葉を、当時、日計りをしていた先輩ディーラーから聞いたことがあります。

　業績はたしかに良い銘柄でした。しかし、相場は下がるときもあります。良い銘柄だと思われて、短期筋もかなり買いにポジションが傾いていたのでしょう。市場環境の悪化で、それらの短期筋がふるい落とされる局面での下落でした。そんななか、日計りという手法で取引しているにもかかわらず、買い下がり続けた結果、その先輩ディーラーは許容されている損失の限度額に達してしまい、売買停止に追い込まれてしまいました。

　日計りという超短期取引であるにもかかわらず、ファンダメンタルズばかりに目がいき、現在の株価の位置や需給分析、市場全体の状況などに対する考慮が足りなくなっていたのです。中長期運用で企業の成長性や業績変化をとりにいくので

あれば、調整局面は我慢するか、何らかの形でヘッジをしてしのぐか、あるいはさらに投資金額を増やすチャンスととらえるかなど、別の見方ができることになります。しかし、超短期取引なのに調整局面で買い下がるというのは、いかにも合理的ではありません。

このように、自分が運用する資金のニーズに合わせて定めている取引期間・規模・取引手法などの「運用方針」と、実際の取引の「目的・根拠」がミスマッチを起こしていると、いくら「良い銘柄」を取引していたとしても、うまく利益を得ることはできません。

自分がどういった運用を行なっていくのか、そのうえで何を見て、どう判断し、何をとりにいくのが適切なのか、ということがとても重要なのです。なぜなら、そのアプローチによって、見るべきものが変わってくるからです。

・基本動作その2
「基本的な取引プロセス」をしっかり実行する

何かを判断するうえでは、一般的かつ当り前のプロセスなのですが、取引期間が短いほど、基本的な取引プロセスをおろそかにしがちです。

ここでいう基本的な取引プロセスとは、次ページ**図表2−1**で示す、①情報収集、②分析、③判断、という一連の流れのことです。トレードは、どのようなストラテジーであっても、

図表2-1 基本的な取引プロセスの流れ

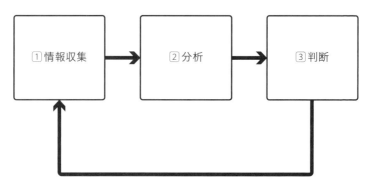

基本的には、この取引プロセスの繰り返しになります。それぞれのポイントについて、簡単に解説しておきましょう。

①**情報収集**

　短期運用でも中長期の運用でも、情報（データ）収集はとても大切です。得るべき情報の中身は取引手法や運用期間によって異なってきますが、この情報収集がすべての取引の基礎になります。「何を見るか」はとても重要なのです。

　また、多くの情報を得ることも重要ですが、その情報の優先順位づけや取捨選択などの「情報の整理」は、さらに重要になります。何でもかんでも情報を得ようとして、かえって振り回されてしまうこともよくある話です。そうならないようにするためにも、取引の目的・根拠に合わせて情報を整理し、優先順位づけや取捨選択をしなければなりません。

② **分析**

　集めた情報を元にして、それらの分析を行ないます。この分析というステップは、言い換えれば「思考プロセス」そのものです。合理性・論理性を欠いていたら話になりません。たとえばテクニカル分析にしても、用いるテクニカル指標の特性や意味を誤解していたり、使い方を間違えていたりする人を何人も見てきました。ファンダメンタルズ分析も同じです。正しい分析を行なうためには、それぞれの分析方法や考え方をしっかりと学び、バックテストや検証をしっかりと行なったうえで、「自分が信頼して使えるもの」になるように、思考プロセスを確立させていくことが大切です。

③ **判断**

　これは分析を元に、「何をするのか」を決めることです。判断するのが人間である以上、各人の性格によって結論には差が生じます。判断の前段階である情報収集と分析をしっかり行なうことができていれば、判断をある程度、安定させることもできますが、変動する相場のなかでは、誰でも不安、期待、焦りなどの感情によって、判断に余計なバイアスがかかることがあります。

　実は、安定した判断を下せるかどうかは、どういう情報収集や分析をしたかということ以上に、自分自身をしっかり見極めるための「メンタルコントロール」ができているかどうかにかかってきます。とくにその取引期間が短ければ短いほ

ど判断が感情の波にのまれてしまいがちです。それこそ日計りであれば、冷静さをとり戻すような時間的猶予もないなかで、自分を客観視することが、一段とむずかしくなることに注意が必要です。

　ここで述べた、「①情報収集→②分析→③判断」というプロセスは、新規でポジションをとるときにはもちろん必要ですが、ポジションをとった後で利食い・損切りを行なうときにも必要になります。そのプロセスを何度も繰り返しながら利益を増やしていこうという一連の活動がトレードをするということなのです。
　どのようなストラテジーであれ、これらのプロセスが常に存在しています。集めるべき情報の内容や、見るべきポイント、優先順位などは、取引期間やストラテジーによって変わってきますが、プロセス自体は共通です。
　したがって、このプロセスのどこかが崩れていると、トレードはうまくいかなくなります。まずはそのことを頭に入れたうえで、以下の3つのストラテジーの特徴と性格的な向き不向きについての解説を読み進めてください。

SECTION 2-2

超短期売買の特徴と
性格的な向き不向きなど

　株式ディーラーの代名詞的な取引手法で、この取引手法でトレードしている人が現在でも最も多いと思います。

　この手法に求められる資質は、メンタルコントロールや瞬間的な決断力・判断力などです。たとえるなら、スポーツ選手やギャンブラーなどに求められるものに近いかもしれません。

　前述した「基本的な取引プロセスの①から③までを短時間のうちに行なわなければならない」ため、チェックすべき点はよりシンプルにする必要があります。また情報収集に関して、短期での変動要因にはなりづらいファンダメンタルズ関連の情報は、優先順位が低くなります。

　ただし唯一の例外は、決算発表後の株価の値動きを超短期で狙う場合です。ファンダメンタルズにサプライズ的な要因があり、決算が修正されたときに株価が大きく動くタイミングを狙うわけですから、あらかじめ業績の進捗率や株価がどこまでそれを織り込んでいるかなどに目を向けておく必要が

あります。

　超短期売買において狙う収益の源泉は、あくまでも短期的な値動きにあります。ごく短い時間での値動きをとりにいくため、何よりも売買タイミングが非常に重要です。

　また、1日のあいだにひんばんに取引を繰り返すため、スピード、即断即決が必要です。

　ちょっとしたことでリズムが狂い始めると、ドロ沼に落ちていくこともよくあるケースです。最初は気分よく取引していても、そこに慢心が芽生えてリスクに対して安易になったり、取引のタイミングが雑になったりして負け始め、それをとり返そうとして余計な手を出しているうちに、ズルズルと負けが込んでしまうことは、十分に起こりえます。収益に対して効率的な取引を行なうどころか、取引量ばかりが増えて利益が残らず、無理な取引を行なっているうちに、さらに損失が膨らんでしまうということは、私自身も何度となく経験しました。

　このように超短期売買においては、「相場や銘柄を見極める目」以上に、「自分自身を見極める目」が重要になることがたくさんあります。勝負どころと、そうではないところを見極め、手を出したくなる自分を抑えて「待ち」ができる自己抑制力、強弱をつけるなどのバランス感覚、瞬間的な判断力や、一度の失敗を引きずらない割り切りも必要になってきます。

　株式ディーラーという仕事は、優秀な大学を卒業していて、

頭脳明晰だからできる、あるいは勝てるという仕事ではありません。逆に優秀な人ほど、自分の間違いを認めることができず、損切りが遅れて致命傷になったり、自分を見失ってしまったりすることも少なくありません。プライドが高く、相場で負けると熱くなってしまうような人は、日計りなどの超短期売買には向かないでしょう。

　超短期売買で安定的な運用を行なう際に重要なのは、頭が良いかどうかよりも、変動する相場のなかで自分を見失わずにいられるかどうかなのです。

　こうしたことから、勝ち負けのあるスポーツをやっていたり、ギャンブルに精通していたりする人は、これまでの経験から、次の勝ちにつなげるための負け方や、いかなる局面でも冷静さを保つ方法を学んでいるという意味で、超短期売買に向いているといえます。

Column
「誤発注」には気をつけよう

　生身の人間がディーラーをしている以上、間違いを犯します。それは相場見通しの間違いだけではなく、ボタンの押し間違いもあったりしました。

　「ジェイコム・ショック」※のような、会社に経営上の大きなダメージを与えるようなものはもちろんありませんでしたが、私もエライ間違いを何度かしています。

　まだ手口が公開されていたころのこと。とある値ガサ株の買い指値に突如として数十万株の大口買いが入りました。「おいおい誰だよ、こんなデカイ玉入れてんの」と思っていたら、まさかの自分でした。気がついてあわてて取消しはしたものの、大口注文などの情報が開示されていたこともあり、放送で「○○証券、○○、○○株買い」などと流されて、その後、他社のディーラーから「さっきの買い注文って工藤さん？」と電話がかかってくるなど恥ずかしい状況になりました。

　またある日のこと。オプションでポジションをつくっていた自分は、アウト・オブ・ザ・マネーのプット・オプションを売ろうと取引所端末で発注したら、なぜか同じ権利行使価格のコール・オプションに特別売り気配が……。なんとプットとコールを間違えて発注していました。

　それ以外にも、情報端末のキーボードと、発注端末のキ

ーボードを操作し間違えて、先物を連打で買いにいってしまったこともあります。

私自身はその間違いで痛い目にあっています。なお、管理部門の名誉のために言っておくと、あくまで設定された枠の範囲内で、会社の管理体制に問題はありませんでした。

そんな私が、仲間たちと立ち上げたヘッジファンド。「今日から売買開始」と意気込んでいた2010年6月1日の寄付きに、日経225先物で一時、指値合計で9兆円を超えるとんでもない売り注文が流れました。

驚いた後、「まさかウチじゃないよな？」と確認して、「よしトレードするぞ！」と思ったところで、電話が鳴ったりメールがきたりして、「工藤さんとこ今日からでしたよね？やっちゃったんじゃないですか？」と言われる始末。さすがに、こんな注文はシステム的な発注環境があるところでなければ出せません。結局、欧州系証券の問題だったのですが、肝が冷えるやら、妙に疑われるやらで、ホントに勘弁して欲しい売買初日になりました。

最近では、システムによる制御が昔よりもしっかりしてはいますが、くれぐれも誤発注には気をつけてください。

※総合人材サービス会社ジェイコムの株式（発行済み株式数14,500株）において、みずほ証券の男性担当者が「61万円1株売り」とすべき注文を「1円61万株売り」と誤って入力し、誤発注とその後の強制決済により、みずほ証券が推定で400億円以上の損失を被ったとされる事件。

SECTION 2-3

スイングトレードの特徴と性格的な向き不向きなど

　スイングトレードは、おおむね数日〜数週間程度、ポジションを持ち越すトレードです。日計りに代表される超短期売買に「オーバーナイト」、つまり日をまたぐ要素が加わります。この「日をまたぐかどうか」が、日計りとスイングトレードの大きな違いです。

　株式ディーラー業界に大きな変化を与えた2010年1月の東証アローヘッド稼動とHFTの急速な流入、取引所による呼値適正化（第9章参照）といった、日計りを主体にしていた株式ディーラーにとっての逆風が吹き続けたなか、取引手法を日計りからスイングにシフトした株式ディーラーは少なくありません。

　「一カイ二ヤリ」という、1円で買って2円で売るような、極めて狭い利幅を狙う日計りでは、売買のスピードがカギを握ります。瞬間的な判断と、それを速やかに執行できる取引環境がなければ、超短期売買において効率的な売買はむずかしくなります。

その取引環境において、かつてはプロの株式ディーラーが圧倒的な優位性を持っていました。しかし、1990年代後半に起きたインターネットの普及により、インターネット証券会社が台頭した結果、プロの株式ディーラーと個人投資家との取引環境の格差は、どんどん縮まっていきました。
　そして決定的だったのが、東証アローヘッドの稼動です。これにより、欧米で非常に高い売買シェアを誇っていたHFTが一気に東京市場に流れ込み、人間の株式ディーラーよりも圧倒的に高速かつひんぱんに売買を繰り返す存在として、日本の株式市場を席捲したのです。
　そして生き残った株式ディーラーは、自分の取引手法を市場の変化に対応させようと取り組み、HFTと同じ土俵では戦わない手法を模索しました。その一つが、「取引速度の差」による影響を受けにくい、スイングトレードをはじめとする、「より長い時間軸のトレードにシフトする」という対応だったのです。
　スイングトレードでは、オーバーナイトも含めてポジションをある程度引っ張るということが前提となります。つまり、それなりの我慢ができる資質が必要になります。
　われわれ株式ディーラーの世界では、一日中マーケットと向き合い、板を見ていると、その値動きにつられて、つい我慢できずに手が出てしまったり、引っ張るつもりでとったポジションなのに、つい売ってしまったりということも起こりえます。それをコントロールして、「マーケットとの適度な

距離感」を保つことが大切になってくるのです（もちろん1日のうちにターゲット・プライスまで達したなら利食えばいいですし、ロスカット・ラインに達してしまったなら損切るべきですが、相当な材料でも出ていない限り、そんな事態が頻発するのはポジション・テイクの根拠がそもそもどこかおかしいと考えるべきです）。

　また過度に大きなポジションをとってしまうと、その損益のブレに耐えられずに、引っ張るものも引っ張れないということもあります。大きなポジションをとることも勇気なら、小さなポジションを引っ張ることも勇気です。自分がとりにいくリターンと、その裏にあるリスクをしっかりと理解し、それに合わせたポジション量にコントロールする必要があります。

　板にのめり込み過ぎないこと、マーケットとの距離感を適度に保つこと、ポジションのバランスをとること。これらを考えると、超短期売買とは見るべきものも変わってきますし、より分析力も必要になります。トレードの根拠もより論理的であるべきです。一歩引いて流れを見る客観的な姿勢が求められてくるでしょう。

SECTION 2-4

中長期投資の特徴と性格的な向き不向きなど

　中長期投資というのは、ある程度の期間にわたってポジションを保有することを前提としたトレードです。「中長期」という言葉に明確な定義はありませんが、ここでは数週間〜数年までという時間軸を前提にして、説明していきたいと思います。

　これだけ長期間保有するということは、超短期売買やスイングトレードに比べて、事前準備でチェックするべきポイントは多くなりますし、判断材料もより経済や企業のファンダメンタルズを重視したものになります。超短期売買やスイングトレードでは有効だったテクニカル分析も、まったく役に立たないとはいいませんが、あくまで参考程度に割り切るべきでしょう。

　ここまでにも何度か触れてきましたが、2010年1月に東証アローヘッドが稼動したことにより、ディーリング業界は大きな変化を余儀なくされました。

　一気に増えたHFTによる取引、呼値適正化などによって、

目視で板の動きを追うことが困難になり、多くの株式ディーラーが淘汰されていきました。一時期、株式ディーラーは「絶滅危惧種」とまでいわれたほどです。

しかし、こうした環境変化にも適応しようと、さまざまな試みを実践してきた株式ディーラーも大勢いました。そうした状況下で運用手法の多様化が進み、ここ数年、株式ディーラーのなかでも、中長期のアプローチをする運用者が増えています。そして彼らの多くが高い実績を上げています。

「中長期運用」といっても、その言葉はあくまでポジションの保有期間を示しているに過ぎず、その実態は多種多様です。まずは代表的なものを2つ挙げていきましょう。

1 ロングショート

最も代表的なアプローチです。ロング（買い）、ショート（売り）というように、「売り」と「買い」を組み合わせ、相場の方向性へのリスクを最小化した投資手法です。ヘッジファンドのなかにも、このアプローチを採用しているファンドが結構あります。

ポジションの保有期間が長くなるほど、相場全体の変動によって損益が左右される場面は増えていきます。どれだけ良い銘柄を買ったとしても、一方的に上昇し続けることはありません。上昇トレンドのなかにあっても、調整局面は必ずあります。その調整局面で大きなドローダウン（損失）を発生させてはいけない、といった運用上の制約を受ける運用者には、

ロングショートが非常に好まれます。

　たとえば、証券会社のディーリング部門では、「月間損失限度額」が規定されているケースが多くみられます（もっと厳しいところになると、日中損失限度額を規定しているところもありますが、こうした証券会社では現実的に中長期運用は不可能でしょう）。

　月間損失限度額に達すると、当然ですが、その月の取引はできなくなり、株式ディーラーとしては死活問題になりますから、ロングショートのような買いと売りを組み合わせることによって、相場の上昇局面だけでなく、下落局面でもリターンを狙えるような戦略のほうが合理的だといえるのです。

　一方、相場が一方的に上昇する局面だと、ロングショートは苦戦します。ファンダメンタルズが良くない銘柄や割高な水準にあるはずの銘柄をショートしているのに、相場全体の上昇に引っ張られて、その株価も値上がりしてしまうケースはよくあります。しかも、信用取引の売りが溜まっている銘柄だと、ショート・スクイーズが発生するリスクもあります。

　ショート・スクイーズとは、日本語で「踏み上げ」といわれるものです。信用取引で売りを仕掛けている場合、株価が上昇してしまうと、逆に損失が膨らんでしまいます。信用取引で損失が膨らむと、そのポジションを保持している投資家は、損失覚悟で市場から株式を買い戻し、ポジションを清算しなければなりません。そういった買いによって株価がさらに値上がりし、信用取引で売り建てている他の投資家も、巻き込まれていくかのように買い戻しに動きます。結果、買い

が買いを呼ぶ展開となり、株価はさらに上昇スピードを速めます。これが踏み上げ相場と呼ばれるものです。

踏み上げ相場が本格化すると、本来なら「こんな株価をつけるのはおかしい」と感じるところまで値上がりしてしまい、結果的に信用取引で売り建てていた投資家は、大きな損失を被ります。ファンダメンタルズに基づいてポジションをとっているロングショートにとっては、そういった短期的な需給要因によって株価がとても説明がつかないような異常値をつけるような状況は大きなリスクとなります。

一方でこのような踏み上げ局面における株価は、長期的にみれば、かなりの異常値をつけていることが多く、新規で売りをつくるチャンスかもしれません。

大切なことは自分がいま置かれている環境、運用ルールや運用資金の性質、損失許容度などを踏まえてポジション量・リスク量をコントロールしていくことです。

ロングショートにはさまざまなアプローチがあります。成長性重視で業績変化が大きい中小型株を対象とする運用であったり、同一業種間のスプレッドをとりにいったりするようなアプローチ、あるいは優良銘柄を買うのと同時に、株価指数先物取引で指数を売るというアプローチもあります。こうしたアプローチの違いによって、期待リターンやリスクが変わってきます。

②ロングオンリー

「ロング（買い）オンリー（のみ）」という、言葉どおりのアプローチです。「月間損失限度額」という規定が存在するディーリング部門においては、めったにみられない手法ですが、投資信託では一般的なアプローチです。将来、高い成長が期待される企業に投資するグロース投資、企業価値に比べて割安な企業に投資するバリュー投資があり、いずれもベンチマークとなる株価指数を上回るリターンを目指します。

　ちなみに日本株投資におけるベンチマークは、一般的に東証株価指数（TOPIX）、JPX日経400などが用いられます。

　売りは組み合わせず、あくまでも買いのみで運用されるため、相場の上昇局面では大きなリターンが期待できる反面、相場が下落・調整局面に入ると、相応のドローダウンも発生します。相場調整が短期間で済めばいいのですが、下落トレンドが長引く局面では、負け続けることも十分に考えられます。「優良銘柄に投資しているから大丈夫」という過信は、大きな失敗につながります。

　もちろん、ある程度のドローダウンを許容してもらえる環境ならそれでもかまいませんし、自分自身のお金で投資するなら、それも自己責任です。

　しかし、想定したリスク許容度を超えた瞬間、せっかく買っていた優良銘柄をロスカットしなければならないことこそ、実にもったいない話です。大切なのは、自分自身のリスク許容度を理解したうえで、このアプローチを選択しているのかどうか、またそのリスク許容度の範囲内でドローダウンをコ

ントロールできるのかどうかです。

　ディーリングやヘッジファンドでは、一般的に月次であれ、年次であれ、常にリターンを求められます。それは、相場が上昇局面でも下落局面でも、あるいは膠着状態でも、リターンを実現できる運用です。上昇局面で大きな利益を稼ぎ出す一方、下落局面では相応に損失が生じるという運用は、ほとんど許されません。

　一方、対ベンチマークで運用成績の良し悪しが評価される投資信託は、より良い銘柄に選別投資することで、ベンチマークである株価指数をオーバーパフォームできれば、それなりに評価されます。たとえファンドの運用成績がマイナスでも、その下落率がベンチマークのそれよりも小さければ、優秀な運用が行なわれたと評価されるところがあります。

　細かくみれば、これ以外にもさまざまな手法がありますが、王道はこの2つです（たとえば、グローバル・マクロなど大局的に世界の市場をみてアプローチを行なうヘッジファンドも多くありますが、それらのほとんどは欧米のヘッジファンドであり、日本発のグローバル・マクロはまだほとんどみられないのが実情です）。

　さて、中長期投資における銘柄選別のアプローチはさまざまですが、一般的には個々の企業分析をベースにして、買うべき銘柄、売るべき銘柄を選別していきます。その際に重要なことは、「良い企業だから」という理由だけで買うのではなく、バリュエーションは適切か、つまり、その企業の価値、

成長性、将来の株価予測に比べて、現在の株価が割安であるかどうかなど、常に自分なりの株価に対する基準を持つことです。

これはアナリストの作業に近いところがあります。ファンダメンタルズ、バリュエーションなどへの判断基準をしっかりと持つためには、その企業がかかわっているビジネスの内容や、業界への理解も必要になります。そういった勉強、研究が、投資判断を下す際のベースになるのです。そういったことから、最近のヘッジファンドのファンド・マネジャーには、アナリスト出身の人も少なくありません。

そして、中長期運用を行なう際に重要なことは分散です。投資できる資金が少ないあいだは、いちばん良いと思った銘柄に、集中投資したくなるかもしれません。当たれば大きな利益を上げられますし、実際にそれで成功している個人投資家もいます。

ただ、相場は勝つこともあれば負けることもあります。そうだとすれば、一度の負けで大きな損失を被るようなリスクはとらずに、銘柄分散をしっかりと図るのが大切だといえるでしょう。運用の時間軸を長くとっているときほど、分散を効かせておくことが重要になります。

日計りなどの超短期売買においては、過度に分散させることは逆にネガティブな要因として働きます。それは常に瞬間的な判断が求められるからです。人間そんなに多くのものを同時に見ながら瞬時の判断・対処なんてできるものではあり

ませんから、ある程度、カバーできる範囲を限定しておく必要があるのです。

　一方、中長期の運用においては、瞬間的な判断を求められる場面がかなり少なくなるため、ある程度、銘柄分散をしても、運用者はカバーできるはずです。

　またロングショートについての解説でもショート・スクイーズについて触れましたが、需給分析も必要です。信用取引の売り建てが積み上がっている銘柄であれば、先述したとおりショート・スクイーズが生じやすくなります。こうした銘柄は、業績などのファンダメンタルズが良くないのに、需給だけで株価が急騰することがありますし、逆に信用取引の買い建てが積み上がっている銘柄であれば、急落が起こることがあります。このようなリスク（大きな価格変動）に巻き込まれないようにするためにも、自分のポートフォリオに入っている銘柄については、需給分析をある程度頭に入れておいたほうがいいでしょう。

第 3 章

プロが教える勝利の方程式①
超短期売買

Practical Textbook for Stock Traders

SECTION 3-1
超短期売買の事前準備

　超短期売買を行なう際の事前準備には、どういうものがあるのでしょうか。

　超短期売買だから、ニュースを見る必要もなければ、分析もしなくていい、寄付きの時間ギリギリに会社へ来て、板を見て売買すれば何とかなる──。

　かつては、そのような株式ディーラーが大勢いました。しかし、相場はそんなに甘くはありません。このような姿勢で勝ち続けられるのは、よほど天才的なセンスの持ち主ぐらいでしょう。

　私自身も、日計りを活発にやっていた時期があります。それもかなり大きな金額でした。それだけ大きなリスクをとるようになると、たとえ日計りであったとしても、損益にかなりのブレが生じてきます。そのようなときに何の準備もなく、根拠も薄弱な状態で取引していたら、メンタル的に持ちこたえられなかったと思います。ですから、メンタル面を維持するという観点からも、日計りであっても事前準備は怠らない

ようにしていました。

　短期間に何度も取引プロセスを繰り返すため、場中に見るべきものはできるだけシンプルにしておきたいところです。そして、場中に見るもの以外の基礎的な情報収集は、事前に行ない、その整理も済ませておくことが大切です。

　「そんなこと知らなくても取引できる」という人もいるかもしれませんが、その準備の有無がわずかな差で勝ち負けにつながることも少なくありません。事前に基礎的な情報収集と分析ができているからこそ、日中の値動きに対してそれなりに理解ができるし、予測やその予測と実際の動きのズレから生じる違和感を察知できるのです。

　相場で勝つためには、他の市場参加者よりも、一歩でも二歩でもいいから先に行かなければなりません。準備ができておらず、値動きの要因を後追いで調べたり考えたりするようでは、確実に負けます。事前の情報収集を怠らず、自分なりの分析・予測を持つということを愚直に積み重ねることが、他の市場参加者との差につながっていくのです。

　次の図表3-1は、私が現役ディーラーだったころにルーティーンとして行なっていた情報収集プロセスです。

　「日計りなのに、ここまで事前準備をしなければならないの？」と思う方がいらっしゃるかもしれません。しかし、事前準備によって値動きの背景をある程度、理解できていれば、場中に見るべきものがシンプルになり、取引そのものや取引に必要な判断に集中でき、対応や判断をより迅速に行なうこ

図表3–1 超短期売買のための情報収集プロセス

	作業内容
朝（寄り前）	・欧米市場の動きの確認（株式、為替、商品、金利）。チャートの確認 ・日本株関連ものの動きの確認（派生商品、PTS、ADR） ・その時間帯のニュースや出来事を調べてマーケットの動きと合わせて整理する ・日本の新聞やニュースを確認し、マーケットに影響を与えるもの、個別材料などを整理する ・その日の経済統計や企業業績発表などのスケジュールを確認し、その予想値などを頭に入れておく ・その日の動きについてシナリオを組み立てる。市場全体、セクターやどういった銘柄が動くかなどを考える ・出社後、注文受付開始以降の板を見ながら注文の入り具合の確認
場中	・自分が考えたシナリオとの相違を探し続けながら、チャートなどでタイミングを計りながらトレード ・ニュースはリアルタイムに確認
引け後	・自分自身のトレードのチェック。日中チャートとトレードを合わせながら、一つ一つ反省点・修正点を確認 ・相場全体の動きを分析・整理。朝の予測との違いやその要因についての考察 ・その日動いた銘柄などをチェック。値上がり・値下がりだけではなく、出来高変化率なども見る ・業績発表などの内容の確認 ・主要指数、個別銘柄のチャートを確認 ・明日、取引したい銘柄のリストを作成して画面に登録。株価上のポイントがあればアラートをセットする

とができるのです。

　超短期売買は、「①情報収集→②分析→③判断」という基本的な取引プロセスを、1日のあいだに何度も繰り返さなければなりません。それを適切かつ効率的に行なうためには、基礎的な情報収集をできる限り場中以外の時間帯に済ませておくことです。

　図表3-1に挙げたものは、日々のルーティーンのなかで調べるものであり、ほかにも週ベースで調べるものとして、投資主体別売買動向や裁定残高、投資信託関連の情報、個別銘柄の取り組み状況などがあります。

　日計りのような超短期売買は、情報収集や分析をおろそかにしてしまいがちです。情報収集や分析をおろそかにして、のめり込むように板情報や自分の感覚に依存して判断を下してばかりいると、値動きに飲み込まれていき視野が狭くなり、判断ミスが出たときに悪循環に陥ってリカバリーできなくなります。

　そのようなときには相場を俯瞰し、客観視する距離感が必要になるときがあります。そういった冷静さを保つためにも事前準備、事後分析で基礎的な情報収集と分析を行なっておくことが大事になるのです。

　もう一つ事前準備のなかで大切なことがあります。これは場中においても同様ですが、銘柄選択です。

　業績が良く、高い成長性が期待できる銘柄を選べばいいのでしょうか？

たしかにそのような銘柄であれば、多少、時間がかかったとしても、いずれ株価は上昇していくでしょう。ただ、さきにも触れたように、良い銘柄でも下げるときはあります。日計りなどの超短期売買においては、どれだけ業績やファンダメンタルズが良好であったとしても、それらの優先順位は低くなるのです。
　超短期売買で最も重視されるのはボラティリティです。ごく短い時間での値動きをとりにいくのですから、値動きが大きいほうが取引機会も多いに決まっています。そうした視点で銘柄を探すと、値上がり・値下がりが大きい銘柄はもちろんのこと、出来高が急増している銘柄などにも注目して銘柄を探す必要があります。また、市場のテーマや話題に沿う銘柄は市場参加者の多くが注目していて値動きが大きくなる可能性があるため、あらかじめリストアップすることも大切な準備の一つです。

SECTiON 3-2

場中に心がけるべきこと

　日計りで超短期の取引を繰り返していると、徐々に視野が狭くなります。自分が取引している銘柄にばかり目がいくようになるのです。そして、ついにはその銘柄の板ばかり見てしまうようになります。

　個別銘柄を取引しているときでも、市場全体を俯瞰したり、相場と適度な距離感を保ったりする必要があります。たとえ超短期売買であったとしても、あくまでも大きな市場の動きや流れのなかの一部分で取引をしているのだという自覚を持つべきでしょう。

　私はその流れを把握したうえでポジションに強弱をつけたり、順張り・逆張りのどちらを基本戦略とするかを変えたりしていました。それをするためには、前項で述べた事前準備をきちんと行なっておくことが大切です。

　場中に何かを調べるということはほぼありません。相場を左右する大きな事件が突発的に起きた場合は、事後に調べる必要がありますが、トレードに集中するためにも、できる限

り場中に調べ物をすることはしないほうがいいでしょう。

　たとえば、朝から相場が急騰していたとします。事前に情報収集もせず、相場の急騰場面に出くわし、あわててマーケットにエントリーしても、急騰している根拠がわからないから、場中にいろいろな情報源にあたって、リサーチをしたり、考えたりする羽目になります。

　しかし、相場の動きは速いので、急騰した原因が理解できたころには、短期的な上昇サイクルが一巡していたり、株価が大きく値上がりしたところから入らざるを得なくなったりするなど、すべての行動が後手に回ってしまいます。

　相場解説者のコメントやニュースの解説を参考にして、自分自身の判断を省略することもできなくはないのですが、第三者の見通しや判断に依存している限り、その情報がなくなったときに稼げなくなりますし、そのコメントが見当違いであったときには損失を被ることになります。しかも、その情報がメディアなどを通じて流れた時点では、すでに多くの人がその情報を目にしています。

　つまり、その他大勢の投資家と同じ売買タイミングでしか動くことができず、一歩、二歩先んじることは絶対にできません。

　前述したように、事前準備ができてさえいれば、値動きの理由や背景を理解したうえで、ある程度、予測ができるようになるため、他の市場参加者に一歩先んじることができます。そうすれば、後手に回った人が買うときには利食いに回り、

次の上昇タイミングを待ち受ける余裕が生まれます。超短期売買はリズムが重要ですから、事前準備ができているかできていないかによって、大きな差が生じるのです。

　なお、場中に一つ気をつけて欲しいことがあります。それは相場予測がはずれても感情的にならないことです。相場予測が当たるに越したことはありませんが、百発百中はありえません。

　もちろん、予測の精度を高めるために、分析した後も修正を行ない、時には反省しながら改善を積み重ねていくわけですが、それが当たらなかったことに腹を立てたり、意地になったりするのはとても愚かなことだという認識を、強く持つようにしてください。

　なぜそこで腹を立てるのでしょうか。その根底には、自分のプライドの高さや、「これだけやったのに」という感情があります。このような感情が判断を歪ませたり、遅らせたりしてしまうのです。あくまでも予測は予測です。予測がはずれたときは、その原因を探し、考察して、修正すればいいだけのことなのです。間違いを認めることも勇気であるということは忘れないでください。

SECTION 3-3

エントリーする際のポイント

　エントリーに際して注意すべきポイントは、超短期売買ではタイミングが大事だということです。

　日計りにおいては、ボラティリティとともに、動きが出ている銘柄をいち早く見つけ出すことがかなり重要です。それに加えて、動きが出てきた銘柄の材料、関連する銘柄が頭に入っていれば、いち早く対応ができます。ただ、値動きがあるということは、リスクが高いことの裏返しでもあります。だからこそ実際の売買においては、エントリーのタイミングが重要になります。

　私は、超短期売買でエントリーのタイミングを計るにあたり、テクニカル分析をよく用いていました。それ以外はニュース、株価指数や金利、為替、商品などの指標一覧を見て、市場の状況を把握しながら、事前準備のなかで積み上げたシナリオと異なる動きをしているところがないかどうかを、常に観察していました。

　このような観察ができているかどうかは、重要なことです。

前述したように、個別株や先物取引で超短期売買を繰り返していると、つい、その銘柄の動きや板情報にばかり目がいってしまいます。すると視野が狭くなり、大事な変化や違和感を見落とすことになりがちです。相場と適度な距離感を保ち、全体を俯瞰しながら、そのなかで個々の値動きについてタイミングを計っていく。そんなイメージで相場と向き合っていくことが大切です。

　そして、いうまでもなく売買タイミングが何よりも重要です。なぜなら、超短期売買では、ごく小さな波をとりにいくからです。そのため、一度タイミングが狂い始めると、高値を買って安値で投げる、安値を売って高値で買い戻す、というような、チグハグな取引をしてしまいます。そのような日は、場が引けて自分の取引内容を振り返ると、自分が世界でいちばん下手くそなディーラーだと思えてきます。

　日計りのような、ごく短期的な時間軸のなかでは、ファンダメンタルズが大きく変わることはまずありません。基本的には需給の変化が株価変動の主要因となります。

　ただし最近は、その短期的な需給が、昔に比べて読みづらくなっています。かつてはアルゴリズム取引やHFTなどのコンピュータによる高速取引もありませんでしたし、売買手口も公開されていて、取引端末には買い方・売り方の証券会社の名前がズラリと並んでいました。また、一定数量以上の大口注文も公開されていたため、手口が読みやすく、それを徹底的に分析して取引を行なう日計りディーラーが活躍でき

る環境がありました。

　現在は手口が原則非公開になり、情報量も限られてきたうえに、取引の執行も高速かつ複雑化しているため、手口や板情報のみでは短期的な需給が読みにくくなっています。

　そうしたなかで短期的な株価のポイントや、売買タイミングを計る指針になりえるものとして、チャートやテクニカル分析などを取り上げてみたいと思います。

　私自身、超短期売買においてはチャートやテクニカル分析をひんぱんに使っていました。板と値動きに振り回されないようにするためにです。板や値動きだけを見ていたら買いたくて仕方がなくなるような場面でも、たとえばRSIやストキャスティクス、MACDなどのテクニカル指標を見ると、相場が明らかに過熱していることを示していて、それが冷静さを取り戻すきっかけになるケースがよくありました。そんなふうにオシレータ系のテクニカル指標は、「ここは深追いするべきではない」ことを教えてくれます。

　テクニカル分析に用いるテクニカル指標にはさまざまなものがあり、それらをすべて理解しようとしたら、多くの時間を費やさなければなりません。それでは大変なので、よく知られているテクニカル指標をいくつか選び、とりあえず使ってみることをおすすめします。

　たとえば私の場合、次項で解説する移動平均線など、ベーシックなものを多く用いていました。

SECTION 3-4

テクニカル分析について
——移動平均線

　テクニカル分析に用いられるテクニカル指標には長所・短所があり、それぞれの指標が意図しているところを理解せずに使っていると、まったく意味がありません。テクニカル指標はあくまで「道具」ですから、その目的や使い方を知らずにやみくもに使っても、期待される結果にはつながらないのです。たとえるなら、モノサシを使って体温を計るようなものです。それぞれの道具の目的を理解して、過信することなく、適切な使い方をすることが大切です。

　私の場合、それぞれのテクニカル指標について、過去数年分のデータを用いて徹底的にバックテストを行ない、検証もしたうえで使い分けをしていました。一部のテクニカル指標については、基本的な設定値を変更しながら使うなど工夫もしていました。私が日計りでひんぱんに使っていたのは、移動平均線とMACDです。

　テクニカル指標によって示す方向性やシグナル、タイミングが異なるので、一度に多くの指標を見ると、かえって混乱

しかねません。それならば、自分自身が徹底的に調べて選んだ移動平均線とMACDをベースにして判断したほうがいいと思ったのです。超短期売買はひんぱんに判断を求められるため、できるだけ判断基準はシンプルにすることを意識しました。

　本項では最もポピュラーであり、多くの人が見ているであろう移動平均線について、私なりにどんなところを見ていたかについて解説します（MACDについては113ﾍﾟで詳しく解説します）。

　「一定期間中の株価の平均値に過ぎない移動平均線に、何の意味があるのか？」という人もいるでしょう。しかし、多くの人が見ているテクニカル指標のサインは、結果的に株価の転換点になっていることが少なくありません。その点、移動平均線は見ている市場参加者がかなり多いので、エントリータイミングを計る際にはかなり有効でした。

　日計りにおいて私が使っていたのは5分足をベースとした移動平均線で、5、25、75、100期間を見ていました（スイングなどで日足を見る場合も同じ）。基本的には「押し目買い」「戻り売り」などの順張りエントリーにおける利用が主です。

　私の場合、株価が急激に上昇したときに、移動平均線から大きく乖離した水準で順張りエントリーすることは、よほど瞬間的なトレードをやる場合を除いてあまりありませんでした。ターゲット・プライスもロスカット・ラインも判断しづらいためです（そういった取引を私のなかでは「空中戦」と評していました）。

　どちらかといえば、「急騰（急落）後の調整　→　次の上昇

（下落）サイクルに入るタイミングをどこでとらえるか」というスタンスで移動平均線と株価を常に見ていました。いわゆる「押し目買い（戻り売り）」です。一般的な利用のされ方ではありますが、**図表3-2**を例に簡単に解説しておきましょう（このチャートでは見やすくするため25と100期間以外の移動平均線は除外しています）。

まず、トレードを行なう際に、どの程度の値動きの幅と時間を前提とするかによって、どの期間の移動平均線を見るべき対象にするかは異なってきます。

勢いが強い状態で短期的な押し目を拾いにいくことを考えるなら、25期間の移動平均線（薄い色のライン）水準をエントリ

図表3-2 「押し目買い」「戻り売り」に移動平均線を使う例
（日経225先物5分足チャート）

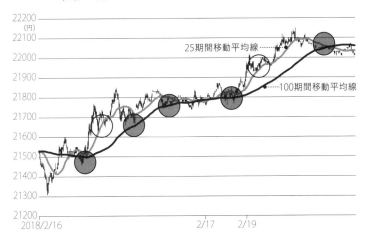

ー・ポイントとして押し目買いを狙っていきます（白丸の部分）。ただし、期間が短い分、割り込んでしまうことも多くあります。私の場合は、その他の指標などと合わせて見ながら、トレンドの強さがより強いと判断しているときのみ、25期間の移動平均線を用いるようにしていました。

　それ以外の場合は、おおむね100期間の移動平均線（濃い色のライン）水準をエントリー・ポイントとして押し目買いを狙っていきます（色のついた丸の部分）。ただ最後の色のついた丸の部分については、移動平均線のデッドクロスが発生しているため、その付近でポジションをとらないか、とったとしてもデッドクロス発生時点でいったんフラットに戻す必要があります。

　もちろん、移動平均線まで下がりきってくれていない場面や、若干割り込んでしまっている場面も出てきます。そのため、ポジション・テイクのタイミング、仕込み方、ロスカット・ラインの設定の仕方などをどう修正するかを考える必要があります。具体的には、ポジション・テイクの際に移動平均線を使う場合は、その上下一定水準でのレンジを設定し、そのレンジの範囲内でタイミングを分散して仕込むとか、ロスカットの際には移動平均線から一定水準以上下落した場合やその他のチャート上のポイントを割り込んだらポジションを解消するなど、自分なりの検証に基づいてルールを定めて対応していました。

　また寄付きで大きくギャップ・アップ、ギャップ・ダウン

して始まった場合も、これらを用いてエントリーのタイミングを計っていました。

　ギャップで始まったときに、そのまま飛び込むことはよほど大きな材料でもない限り極力やらないようにしていたのです。市場がいわば興奮状態にあるギャップでの寄付きはブレが生じやすくなります。チャンスととらえる人もいますが、私の場合は不確実性が高い動きと考えていたため、それが落ち着いてくるタイミングを計るために、移動平均線を見ながら間合いをとってエントリーするようにしていました。実際、移動平均線を見ている人は多いので、その水準で下げ止まったりすることは少なくありませんでした。こういった使い方であれば、エントリーのポイントは移動平均線の水準そのものになるため、エントリーのタイミングは非常にシンプルです。

　一方で、ターゲット・プライスやロスカット・ラインをどこにおくべきか判断がむずかしい一面もあります。移動平均線だけではその水準を示してはくれません。そのため直近の高値・安値、その他のテクニカル指標を用いたターゲットの設定などもしていました。合わせて活用していたテクニカル指標はMACD、RSI、ストキャスティクス、P&F、パラボリックあたりです。ただ中心的に活用していたのは、あくまでもこの移動平均線と113ページで解説するMACDです。

SECTION 3-5

場中のニュースについて

　超短期売買では、「①情報収集→②分析→③判断」という基本的な取引プロセスを一見無視したような取引を行なう必要がある場面に遭遇することがあります。ニュースなどの突発的な材料によるトレードです。

　政治的なニュースやコメント、地政学的リスク、経済統計、企業業績発表や適時開示、ファイナンスの発表など、マクロからミクロまで、相場に影響を及ぼすニュースはたくさんあります。

　ニュースや材料が相場に影響を与えると、当然ながら値動きは激しくなり、ターゲット・プライス（目標株価）やロスカット・ライン（損切り株価）を定めづらくなります。

　ニュースが流れた瞬間に飛び乗ったとしても、一番乗りでポジションをとれることはまずありません。最近はニュースをプログラムで監視し、そのニュースが出た瞬時、それに反応して取引するようなシステムトレードを行なうところも増えてきています。目でニュースを読み、頭で考えてから発注

ボタンを押すというように、人間が手動でそのプロセスを行なっているあいだに、機械はどんどん先回りして取引するのです。

　したがって、自分よりも先にポジションをとっている人たちがいることを頭に入れたうえで、利食いやロスカットを考えていく必要がありますし、そのニュースや材料が長期のトレンド形成につながるものなのか、あくまでも短期的な材料なのか、株価にどの程度影響を及ぼすのか、短期筋がどれぐらい飛びついているのかなど、さまざまなことを瞬時に判断しながら、対応しなければなりません。

　ただ、こうした状況においても、事前の情報収集や分析などをきちんとしておけば、有利な立場に立てるケースは多くあります。経済統計や企業業績に関するものは、事前に従来の推移と予想値が頭に入っていれば、予想と実際に出た数字との乖離に対して、株価がどのように反応するかを、ある程度予測できます。

　最近の事例として、2016年6月のイギリス国民投票で決定した、イギリスのEUからの離脱（ブレグジット）が市場に及ぼした影響について取り上げてみましょう。

　このとき、私が心がけていたのは、どのサイトの情報が早いのか、材料に最も早く反応する市場はどこなのか、国民投票の結果が判明する時間とプロセスはどうなのか、を把握することでした。これらの事前準備ができていれば、ごくわずかでも他の市場参加者より早く判断を下せる可能性が高まり

ます。
　また、現在の市場予想がどのようなコンセンサスになっているのか、株価はそれをどの程度織り込んでいるのかも、併せて考えておく必要があります。
　当時、僅差ではありますが、イギリスのEU離脱はないという方向に市場のコンセンサスは傾いており、その証拠に、日経225は2016年6月16日の安値、1万5395円98銭から、6月24日の高値1万6389円17銭まで1000円近くも上昇していました。
　この動きから考えると、マーケットではブレグジットは否定されるという期待感が高まっており、その分だけ予想外の結果、つまりイギリスのEU離脱が可決されたときのリスクが、潜在的にはかなり高まっていると、事前に想定しておくことができました。
　そして実際に、6月23日に行なわれたイギリスの国民投票でEU離脱が決定した当日の日経225は、1000円を超える急落劇となりました。投票結果が判明する時間帯が、アジア時間の日中だったため、欧米市場というクッションを経ずに、日本が最初に影響を受ける市場だったことも、株価の急落につながった要因になりました。
　国民投票でブレグジットの結果が出ることは事前にわかっているのですから、その前に情報収集および分析という事前準備さえ行なっていれば、相応に対応できたのです。
　つまり、マーケットは事前にブレグジットの否決を織り込

む動きをみせており、ごく短期的な需給においては、値上がりに対する期待値よりも、値下がりのリスクが高いことが、ある程度予想できたのです。これは2016年のトランプvsクリントンの米大統領選挙のときも同様でした。

　個別企業の業績予想も同じで、現在の株価がどのようなコンセンサスの下で形成されているのかを事前準備で把握しておけば、ニュースが流れた直後の乱高下に振り回されずに乗り切れる可能性が高まります。

　超短期売買で場中に落ち着いてトレードするためには、事前準備が大切なのです。超短期売買・日計りだからといって、ぶっつけ本番で勝負しているわけではなく、勝率を高め、より安定的なトレードをするためには、それだけの準備が必要になるのです。

　こういった取引においても、事前に「①情報収集→②分析」ができているからこそ、次の「→③判断」というプロセスを適切に行なうことができるのです。

SECTION 3-6

エグジットのポイント

エグジットに関して大切なことは、以下のとおりです。

①エグジットまで想定してエントリーする

トレードにおいて、エグジットが最もむずかしいといえます。エグジットには利食い（勝ち）と損切り（負け）、そして同値でも降りる（引き分け。正確にいうと取引コスト分ヤラレ）という選択肢が存在します。

エントリーの段階では、「上がりそうだから買う」、「下がりそうだから売る」というように、ある程度の見通しは持っているのに、エグジットに関しては、ポジションをとってから考える人が少なくありません。しかし、エグジットについても、見通しをしっかりと持ってエントリーできるかどうかが、超短期売買で安定的な収益を維持するうえで重要です。

たとえば「上がりそうだから買った」としましょう。しかし、買った後にその見通しがはずれて株価が下げ始めたとき、あなたの心のなかには不安が渦巻くのとともに、負けたくな

いという感情が生まれます。さらに下げ続けると、その感情はどんどん強まり、冷静かつ客観的な判断ができなくなります。イライラしたり、熱くなったり、ムキになったりすることもあるでしょう。

　想定と違う動きになっているにもかかわらず我慢することを、「根性」と表現する人も少なくありません。しかし、残念ながら、想定と異なる状況を客観的な根拠もなく耐えているのであれば、「やせ我慢」でしかありません。そうなった時点で、その取引はコントロールを失った状態にあります。そして、やせ我慢はいつの間にか「お願い」になり、神頼み的な「期待」へと変わっていきます。

　「相場を期待で見てはいけない」という格言があるように、そのようなやり方を続けている限り、何度かは相場に救われたとしても、いつか大きな損失を出して、市場から退場しなければならなくなるでしょう。

　いちばん冷静かつ客観的に市場を分析できるのは、ポジションを持っていないときです。当たり前のことですが、それを忘れて、常にポジションを持ち続けようとする人も少なくありません。中長期投資ならわかりますが、日計りでもそういう人がいるのです。

　取引プロセスをおろそかにし、やみくもにエントリーを繰り返す。そして値動きに振り回され、一喜一憂し、疲れ果てる割には儲からない。超短期売買において大切なのはリズムとタイミングです。それをスムーズに行なうためには、ごく

短いあいだにおいても、取引プロセスをしっかり行なう必要があります。そのためには、エグジットまでを想定してエントリーできていることが大切なのです。

　これはエントリーの判断にも影響します。たんに「上がりそうだから」だけではなく、「いくらまで値上がりが期待できるのか」、その一方で「いくらまで下がるおそれがあるのか」を考える必要があります。その根拠がテクニカル分析によるものでも、材料やニュースによるものでもかまいません。ここでいう「いくらまで上がる」という期待値が「リターン」であり、「いくらまで下がる」というおそれが「リスク」なのです。そのリスクとリターンがあらかじめしっかりと整理できていれば、やみくもにポジションをとり続けることもなくなるはずです。

　「リターン＞リスク」でなければポジションをとる意味はないので、「リターン≦リスク」は切り捨てることになります。それが取引の整理につながり、勝てる確率の低い取引やリスクの高い取引に、安易に手を出すことを抑制します。

② **負け際を明確にするためロスカット・ラインを決める**

　超短期売買の利点は、ポジション（リスク）を持ち続ける必要がなく、「美味しいところだけ取引すればいい」点にあります。

　超短期売買というと、小さな値動きでのサヤ取りや、HFTによる取引のように、「手数を出さなければ儲からな

い」手法もありますが、ここでいう超短期売買は目視・手動で取引を行なう日計りであり、手数の多さで勝負するものではないということを前提として理解しておいてください。

　前述したように、超短期売買はリズム・タイミングが重要です。そして勝率を上げるためには、短い時間で「①情報収集→②分析→③判断」という取引プロセスを成立させる必要があります。やみくもに手数を増やすのではなく、「一つ一つの取引を丁寧に行なう」ことが大事なのです。

　「一つ一つの取引を丁寧に行なう」

　これは、自分が現役ディーラーだったころ、デスクの目の前に貼り付けておいた言葉です。超短期売買で成功するためには、勝率を引き上げることに加え、「勝ちの値幅（リターン）＞負けの値幅（リスク）」のバランスを保つこと、すなわち損小利大ができていることが、最終的に利益を残せるかどうかの差に表れます。

　そして、リターンとリスクのバランスを保ち続けるためには、最も冷静かつ客観的に取引プロセスを実行できる、ポジションがない状態もしくはエントリーするタイミングで、あらかじめエグジットまでを考慮に入れたうえで、リスクとリターンの分析・判断ができているかどうかがポイントになります。

　また、ロスカットの水準をあらかじめ決めておくことの意

味はもう一つあります。それを決めておけば、「この株価で損切ったら、損失額がいくらになるのか」という最大損失額が見えるようになります。それさえ見えていれば、ロスカットの水準に到達する前段階で値振れが生じたとしても、心理的に平静さを保つことができます。

　逆に、ロスカットの水準を決めておかないと、客観的な分析に基づいてエントリーしたはずなのに、いつの間にか感情でポジションを見るようになり、損失が膨らむ過程でポジションを切れなくなり、熱くなって意地を張るようになり、さらに損失が膨らんでしまうという悪循環に陥るおそれがあります。そのようなトレードを繰り返していたら、いずれ確実に破綻します。どういう状況に直面しても冷静さを保つためにも、"負け際"を決めておきましょう。

　トレードに負けはつきものです。100回トレードして、100回とも勝つなど、無理な話です。今後、トレードを何十回、何百回、何千回、何万回と繰り返していくなかで、長い期間、安定して収益を上げ続けていくためには、「負け方」が大切になってくるのです。

SECTiON 3-7

ターゲット・プライスと
ロスカット・ラインの決め方

　利食いのためのターゲット・プライス、損切りのためのロスカット・ラインのいずれも、それを決めるためには株価の目安が必要です。それをどうやって設定すればいいのかを考えてみましょう。

　なかには「いくら儲かったら利食う」、「いくらやられたら損切る」という決め方をしている人もいますが、それは「自分の都合」でしかありません。相場は、決して自分の都合に合わせては動いてくれません。株価の値動きをとりにいく以上、利食いや損切りのポイントは株価の値動きによって客観的に決めるべきです。

　また、もう一つ大切なことは、エントリーとエグジットの根拠が同じか、もしくは合理的な共通点、一貫性があることです。

　超短期売買において、テクニカルで買ったのに、板の雰囲気で降りてしまう。中長期投資において、ファンダメンタルズを根拠にして買ったのに、テクニカルで降りてしまう。こ

のように、エントリーとエグジットの根拠が違っているケースをよくみかけます。こうした取引を繰り返していると、後で取引履歴を振り返ったとき、どのような種類のリターンをとりにいったのか、そこでどのような取引をしたかったのかなどが、よくわからなくなってしまいます。そうならないよう、エントリーの根拠とエグジットの根拠に一貫性を持たせる必要があるのです。

　超短期売買やスイングぐらいまでであれば、ターゲット・プライスやロスカット・ラインに必要な株価の目安を設定する場合、幅広く使えるツールとしては、テクニカル分析が有効です。もちろんそれ以外にも根拠になりえるものはありますが、まずはテクニカル分析を使いこなせるようになることが第一歩です。

　ただ、一つ問題があります。それは、ターゲット・プライスをわかりやすく示してくれるテクニカル分析の手法が、実はあまりないことです。

　そのため日計りにおいては、日中足をベースにした指標に加え、直近の高値・安値、移動平均線や一目均衡表、ピボットなどを日足ベースで示したテクニカル指標なども考慮しながら、価格上の節目となるポイントを事前にしっかりと整理し、それらを参考にしながら、ポイントになる水準を考えていく必要があります。

　先にも触れた移動平均線と次章で詳しく解説するMACDは根底に共通する要素があるため、私自身はよく併用してい

ました。

　次章で詳しく解説しますが、MACDの計算の基になるのは、「指数平滑平均」といって、移動平均線に類似したものです。MACDの乖離が大きいときは「移動平均線と株価の乖離も大きい」ので、MACDの乖離が大きいときに発生したシグナルは比較的信頼性が高いものになります。そのシグナルに従ってポジションをとるときは、反対売買（利食い）の目安として、移動平均線に株価がタッチするか（≒MACDの乖離が解消する）、もしくは近づいた水準で反対売買していました。言い換えれば、移動平均線と株価の乖離が大きいときに逆張りのポジションをとり、株価が移動平均線にタッチする＝その乖離が解消されたタイミングをターゲット・プライスとすることになります。

　当然、この場合は逆張りになりますが、そのターゲット・プライスは、自分が指針としているMACDの計算期間に沿った移動平均線上になるはずです（なお、移動平均線は見ている人が多いため、より一般的な計算期間にしておいたほうが、うまくはまるケースがあります）。

　ここでポイントになるのは、「ターゲット・プライス＝移動平均線」である以上、その水準は変化し続けるということです。

　このように、MACDの乖離が大きい水準で発生したシグナルは、自分の経験則で考えると、確度が高いと考えています。というのも、指数平滑平均（≒移動平均線）との乖離が拡大

第3章　プロが教える勝利の方程式① 超短期売買　　087

し、その勢いが弱まった後に、シグナルが発せられるからです。ただ、かなり強いトレンドがある相場では、株価の需給調整が「株価の下落による調整」ではなく、「時間の経過による調整」にとどまる場合も少なくありません。つまり株価が高止まりした状態が続き、時間の経過によって移動平均線のほうが株価に近づいてくるパターンです（次章で詳しく解説します）。このような場合は、たとえ同値であったり、あるいは含み損を抱えたりした状態でも、株価が移動平均線に接近した時点で反対売買を行ない、ポジションをフラットにしていました。

　MACDには移動平均線と株価の乖離に近い要素が内包されています。移動平均線と株価乖離の基本的な考え方は、「乖離が大き過ぎるから上昇（下落）が限界に近づいているか、もしくは行き過ぎている」と判断するものです。MACDは、それに近い考え方をベースにしながらも、よりわかりやすくシグナルを示すツールであると考えるべきでしょう。

　つまり、ある程度上昇（下落）した株価が調整する動きをとるのが、このトレードの目的だとしたら、その調整が一巡する、すなわち移動平均線に株価がタッチして乖離がなくなるタイミングが、反対売買の頃合いになります。

　ちなみに、このアプローチは大きな方向性（トレンド）をとりにいくものではなく、あくまでも需給調整の動きを逆張りでとりにいくアプローチです。あくまでその需給調整が終わる目安として移動平均線を用いていたのです。

では、この場合、ロスカット・ラインはどこに置くべきなのでしょうか。
　これが実は難題です。ターゲット・プライスが明確にある以上、ロスカット・ラインは、それよりも小さい値幅であることが最低条件です。売りから入っているのだとしたら、それは直前の高値かもしれませんし、他のテクニカル指標による価格上のポイントだったりするかもしれません。ただ、ここで解説している取引は、トレンドに逆らう逆張りの取引であることを理解したうえで、負けを認めるべき一線は引いておくべきです。
　以上は、自分が現役ディーラー時代に、日計りを行なうときによく使っていたアプローチの一つに過ぎません。もちろん、実際には順張りで攻めるときもありましたし、そうではないときもありました。
　また、新規公開銘柄に投資する場合はチャートも何もありませんから、テクニカル分析に基づくアプローチは不可能です。そういった銘柄は、事前準備として業績や需給面をしっかりと調べ、エグジットのポイントとなる株価を把握するしかありません。
　ただ、どのようなアプローチをするにしても、一つ一つの取引の目的と根拠を明確にし、あらかじめターゲット・プライスやロスカット・ラインを想定したうえで取引を行なうことが大切なのです。

SECTION 3-8

ポジション・コントロールのポイント

　ここまで入口(エントリー)と出口(エグジット)について説明してきたので、そこに至るプロセスにも言及しておきましょう。

　エグジットに至るまでのプロセスは、人によってかなり違いがあります。メンタルコントロールとも強くかかわるので、投資家本人の性格の違いもかなりありますし、収益状況や資金余力、トレードに対する自信の度合いなど、さまざまな要因によっても変わるところもあります。ここでは大切ないくつかのポイントをピックアップしていきましょう。

１ナンピンについて

　まずは「ナンピン」についてです。ナンピンとは、購入した株価よりも値下がりしたとき、ある程度、株価が底を打ったと思われるところで買い増すことにより、平均の買付単価を下げるというものです。ナンピンすると、株価が上昇に転じたときに、早めに損失が回復する可能性があるため、とも

すれば安易に用いてしまいがちですが、一方、相場格言には「下手なナンピンすかんぴん」という否定的なものもあります。

基本的に、私はナンピンについて全面的には賛成しませんが、完全に否定もしません。「計画的なナンピン」は、あってもいいと思います。

「計画的なナンピン」とはどういった取引でしょうか？

株取引において、「底値で買う」、「天井で売る」のは至難の業です。というよりも、それは狙わないほうが賢明です。それを意識し過ぎると、ポジション・テイクの機会をのがして買い（売り）そびれることがひんぱんに起きるでしょうし、その後、予想どおりの動きをすれば、「チャンスを逃した」という焦りにつながります。

こうした点からも、ある程度の割り切りは必要であり、買いなら大底を狙わず、その近辺で買い、売りなら大天井を狙わず、その近辺で売るというのは、ポジション・テイクにおけるテクニックの一つとしてあるべきやり方です。そして、その際に「計画的なナンピン」が有効になるケースがあります。たとえば自分が買い方の場合、どこで株価が底を打つかわからないので、一度にまとまった金額で買うのではなく、何度かに分けて買いを入れるのは、まさに計画的なナンピンといってもいいでしょう。SECTION 3-4で紹介した移動平均線での仕込み方が一つの例ですが、このようなナンピンなら、戦略の一つとして十分、容認されます。

一方、ナンピンが愚かな行為といわれるのは、負けを認められず、意地になって買い下がったり、当初の見込みが大きくはずれているのに、負けたくないから、より安い価格で買ってポジションの平均単価を下げて、反発することを願ったりするなど、「自分の都合や感情によるナンピン」が多いからです。

　こうしたナンピンは、ターゲット・プライスとロスカット・ラインをあらかじめ決めてポジションをとった場合には、本来起こりえない取引です。それを行なっている時点で、当初の取引の目的も根拠もどこかに飛んでしまい、「負けたくない」という、ただの意地だけで取引しているはずです。それを「根性」といって正当化するのは大きな間違いです。

　たまたま株価が戻ったとしても、ポジションをとったときの想定からは大きくはずれていますから、たまたま結果的に相場に救われただけのことです。

　基本的に、ナンピンはリスクを増やす行為であることをしっかりと頭に入れておいてください。あくまでも、計画したとおりにポジションをとるためのテクニックの一つとして行なわれるべきであり、負けをカバーするためや、自分の意地を通すために行なうものではないのです。

② 利乗せについて

　一方、リスクを増やす行為という意味ではナンピンと同じである「利乗せ」については、どう考えるべきでしょうか。

利乗せは、そこまでにある程度の評価益が得られているのと、株価の推移が自分の想定どおりになっているという点で、ナンピンとは置かれている状況が大きく異なります。とはいえ、利乗せを行なう場合も注意すべき点があります。

　何といっても、「ターゲット・プライスまでの距離があとどれだけあるのか」をしっかり見極めなければなりません。利乗せは、利益を最大化するための行為ですが、ターゲット・プライスに近いところで行なっても、期待リターンに比べてリスクのほうが大きくなってしまうからです。基本的に利乗せを行なう場合は、増大するリスクに比べて、それを上回る期待リターンが見込める水準で行なうべきです。

　このように、リスクとリターンを見極めて判断するのは、エントリーするときと同じです。ただ、評価益というバッファがあるので、多少アグレッシブなポジション・テイクも許容されるということです。なお、「一カイ二ヤリ」のような、ごく短期間のうちに小さい値幅をとりにいくような取引では、利乗せをしないほうが無難です。

③ヘッジについて

　では、保有しているポジションのリスクを減らすための「ヘッジ」はどうでしょうか？

　超短期売買においては、原則としてヘッジは考えるべきではありません。多数の銘柄でポートフォリオを組んでいたり、流動性の低い銘柄で大きなポジションを持っていたりした状

態で、突発的な事象が起きた場合、緊急対応として先物取引やオプション取引を用いたヘッジを行なうことはあります。しかし、日計りのような超短期売買においては、そもそも必要以上に多くの銘柄に分散したり、流動性に支障を来すような株数を持ったりするのは避けるべきですし、想定外の動きになったときにはヘッジをするのではなく、まずはロスカットをし、シナリオを切り替えたうえで、その動きに対応することを最優先するべきです。

SECTION 3-9

超短期売買のポイントのまとめ

　ここまで解説してきた超短期売買におけるポイントやその他の留意点をまとめておきましょう。

ⓐ 取引の目的はあくまで短期間に生じる株価の値動きである。

ⓑ ごく短い時間に取引プロセスを実行するため、瞬間的な判断力、決断力、メンタルマネジメントが求められる。

ⓒ 事前準備をしっかりと行ない、値動きの背景や要因などを考え、シナリオを組み立ててから相場に臨むこと。場中に値動きの背景や要因を考えるのは最小限に止める。

ⓓ 雰囲気で取引をしてはいけない。そのためにも一つ一つの取引の目的と根拠を明確にする。

ⓔ 銘柄選択の際には、ファンダメンタルズよりもボラティリ

ティと流動性が高いことのほうが重要。

f 値動きに振り回されないようにするため、チャートやテクニカル分析など自分なりの指針となるものを持つ。

g 取引のタイミング・リズムが重要。

h ターゲット・プライス、ロスカット・ラインは、可能な限りあらかじめ決めてからポジションをとる。

i 計画的なナンピンはよし。安易なナンピンは厳禁。

j 利乗せについてはターゲット・プライスや自信の度合いによってリスクとリターンを見極めながら行なう。

k 想定外の動きが起きたときは、ヘッジよりもロスカットを優先する。

第 4 章

プロが教える勝利の方程式 ②
スイングトレード

Practical Textbook for Stock Traders

SECTION 4-1

スイングトレードの事前準備

　日計りなど超短期取引の目的は、短時間内の値動きのブレをとりにいくことにあります。これは、より高速な取引環境を持つHFTが得意とする、優位な土俵です。

　一方、HFTは基本的に日計りであり、オーバーナイトリスクを好みません。不確実性を嫌い、単純な取引を好む傾向があります。ですから、スイングトレードのように取引の時間軸が長くなると、取引に際して事前にチェックするべき要素が増え、取引は複雑化する一方、HFTなど高速取引を得意とする市場参加者とは違うところで利益を得ることができるというメリットがあります。

　つまり、「相場の流れ」や「株価水準が持つ意味」、「さまざまな材料」を考慮し、予測する必要がある「時間軸が長い取引」を選択すれば、HFTなどシステマチックな高速取引を行なう投資家とは、同じ土俵で戦わずに済むようになります。

　スイングトレードは、「①情報収集→②分析→③判断」の

各プロセスにおいて、超短期売買とはまた求められるものが変わってきます。具体的に、どのような準備や取り組みが必要になるのかということついて、以下では私が日々行なっていたルーティーンをまとめてみました。

① 情報収集と分析はより綿密に

　当然のことですが、トレードの時間軸が伸びるほど、チェックするべき事柄が増えます。たとえば、日計りではそれほど欧米市場の動きを意識せずに済みますが、スイングトレードの場合は、欧米市場が開いている時間帯もポジションを持ち続けるわけですから、欧米市場の動向予測は必要不可欠です。為替や金利など、株式市場以外の市場動向も、日計りに比べてより深く考察する必要があります。国内だけではなく、海外も含めた一定期間の経済統計やイベントなどを把握し、市場コンセンサスを調べ、自分でもきちんと予測を立てることが大切です。

　さらに株式市場の需給分析も、日計りに比べて重要になってきます。投資主体別売買動向や裁定残、信用残といった需給データは、誰でも簡単にインターネットからダウンロードできるので、それらの数字は常に注目しておきましょう。

　ファンダメンタルズ面では、決算発表などのスケジュールを把握し、市場コンセンサスを調べることが大切です。

　いずれも極めて基礎的な情報ばかりですが、それをきちんと集めて事前に分析することが、スイングトレードでは重要

になってきます。

　また、テクニカル分析もスイングトレードまでは十分に有効に機能すると思います。ただ、見るべきチャートの時間軸は違ってきます。日計りでは5分足や10分足を使っていましたが、スイングトレードでは日足のように、長めの時間軸で判断するようにします。チャートを用いるうえで大切なことは、自分が実行しようとしている取引の時間軸にマッチしたものを使うことです。ここがミスマッチを起こしていると、エントリーする際のタイミングなどが、まったくかみ合わなくなります。

　このように、日計りでは意識せずに済んだことでも、スイングトレードになると、より長い時間、リスクを保有することになるため、チェックしておかなければならなくなります。それを面倒だと思う人もいると思いますが、やはり情報収集や分析プロセスをしっかりと行ない、相場の先行きを予測することで、勝率を一段と高めることができます。

②投資主体別の投資行動パターンを把握する

　材料や指数の動きを受けにくい銘柄を中心に取引している場合は、比較的、欧米市場の動向や他の市況を気にせずに済みます。私の場合は、そのような銘柄をトレードしながらも、併行して株価指数先物でかなり大きなリスクをとっていたため、市場全体の動向予測を重視していました。

　また2000年代あたりから、国内株式市場における外国人

投資家の取引シェアや保有比率が上昇してくるにつれて、「日経225が、たとえば数週間かけて1500円も上がったのに、値上がりしたのは夜間の時間帯でばかりで、日本時間はほとんど動かない」というケースが増えました。こうした状況の変化を目の当たりにして、さらに海外市場の動向予測をしっかりと行ない、引けにかけてどのようなポジションをとるかを意識するようになりました。

具体的に当時、投資主体別にどのような動きをしていたのかを整理してみましょう。

当時は、「外国人投資家が買えば、株価は上がる」などと言われていたように、外国人投資家が買えば株価は値上がりし、売れば株価は値下がりしました。また外国人投資家以外の投資主体の動きをみると、年金は株価が上がれば売り、下がれば買うという動きをし、個人投資家も逆張りが目立っていました。

年金は基本的にポートフォリオの構成比率があらかじめ一定の範囲内で決められているため、株価が値上がりして株式のポートフォリオに占める比率が上昇すると、その調整のために株を売却します。

仮に、日本株の組入比率が30％だと決まっているとしましょう。株価が値上がりし、組入比率が40％になったら、そのポートフォリオは日本株の下落で被るリスクが大きくなります。そのため、基本となる組入比率を超えた10％分を売却し、30％に引き下げるのと同時に、売却した資金は、値

下がりした資産に充当して、全体の組入比率を整えるのです。これを「リバランス」といいます。

　年金も個人投資家も、基本的には日本時間に動きます。その結果、夜間に上昇した株価に対し、年金や個人投資家が売る時間帯は日中時間になるため、日本の取引時間中は、株価の上昇が鈍くなる傾向がありました。

　しかし、日本の主市場である東証がクローズした後は、その重しがなくなるため、株価は上昇しやすくなります。株価の上昇をけん引している外国人投資家が活発に動くのもその時間帯なので、日本株の値動きは日本時間の日中よりも、夜のほうが軽くなるのです。

　株価の動きには必ずその要因があります。それを理解し、自分の取引や見るべきポイントをアジャストしていくことが大切なのです。

　私がスイングトレードをひんぱんに行なっていた時期は、外国人投資家の参加が非常に多く、その動向が日本株の値動きに影響を及ぼすケースが多かったため、欧米市場の動向予測をとくに重視していたのです。

　また、オーバーナイトするポジション量を調整する際にも、日本時間の夜に開いている欧米市場の動向予測に注目していました。欧米市場が大幅に上昇する可能性が高いと思えば、積極的にロングポジションを持ち、あまり自信がないときは、指数感応度の低い銘柄や、個別材料に自信がある銘柄だけに絞って保有し、ポジション全体でとるリスクは少なめにしま

した。

③「判断」は前日の引け後に行なって日中に調節する

「①情報収集→②分析→③判断」というプロセスのなかで、スイングトレードでは日計り以上に、①と②に割く手間が多くなります。たとえば、投資しようとする企業の中身を知ることはもちろんですが、加えてその銘柄のバリュエーション（割安なのか割高なのか）、チャート、材料の把握・整理、欧米市場や為替・金利・商品市場の分析および動向予測も行なう必要があります。

このように日計りに比べてスイングトレードのほうが、情報収集や分析に手間がかかるのは、取引の時間軸が伸び、リスクにさらされる時間とリスクに影響を与える要因が増える以上、当然のことです。だからこそHFTとは異なった観点からの取引となり、その影響を受けずに済むのです。

ただ、情報収集、分析に費やす手間は増えますが、日計りとは異なり、マーケットが引けた後にも、それらに時間を費やすことができます。私の場合も、取引の時間軸が長くなるほど、引け後に情報収集や分析に費やす時間が増えていきました。

では、③の判断は、どのタイミングで行なえばいいのでしょうか。

あくまでも私の場合ですが、引け後に分析を行なう際、翌日売買しようと考えている銘柄のポジション・テイクすべき

株価、ターゲット・プライス、ロスカット・ラインなどを含めてそれぞれにシナリオを組み立てていました。翌日はそのシナリオに従って指値をし、日中の値動きにはあまり振り回されないように気をつけながら、ポジションをつくっていくのです。

　ここで強く意識しなければならないことは、「日中の相場・値動きにのめり込み過ぎないこと」です。言い換えれば、相場と一定の距離感を保つ必要があります。トレードをしていると、ついのめり込み過ぎて、余計なところで手を出したり、余計なところで反対売買してしまったりすることもあります。スイングトレードと超短期売買を両方やっているディーラーも多く、そういった場合はとくに混同しがちです。自分が何を根拠にトレードしているのか、そこを見失わないように気をつけてください。

　ただし、前提条件となる市場全体の状況や、シナリオに変更を加えるべき要因があった場合は、それを日中に調節していました。自分が予想した動きどおりに相場が動いてくれることはほとんどありません。したがって、③の判断に関しては、「前日の引け後に行ない、日中にそれを調節する」のがいいと思います。ただ、相場にのめり込み過ぎていると、客観性を失い、調節の範囲を逸脱する場合があることに注意が必要なのです。

SECTION 4-2

エントリーのポイント

　エントリーについては、前章で日計りについてはテクニカル分析を使ってタイミングを計るということを説明しましたが、スイングトレードでもアプローチの一手段として、テクニカル分析を使うのは有効だと思います。

　私の場合、日計りを行なう際は、移動平均線とMACDでタイミングを計っていたと前述しましたが、スイングトレードに関しては、それら以外にRSIやパラボリックを使ってタイミングを計っていた時期もあります。

　テクニカル分析を使うことのメリットは、エントリーする際の根拠をシンプルかつシステマチックにすることが容易になることです。

　実は一時期、一定の流動性がある銘柄を対象にプログラムを回し、自分なりのテクニカル分析の条件に合致した銘柄群を抽出し、できるだけ分散させてポジションを構成していくというアプローチをしてみたこともありました。そこで用いるテクニカル指標は、過去数年分のデータをベースにして徹

底的にバックテストを行ない、自分なりにこれなら一定の水準の勝率を維持できると判断したものです。そして、条件に合致したものについては、排除すべき理由がない限り、それに従って銘柄分散を図りながらポジションをつくっていったのです。

このように、テクニカル分析を使う場合は、教科書に書かれていることを鵜呑みにせず、自分自身でバックテストするなどして、その有用性や欠点をしっかりたしかめることが大切です。それを行なうことで、シグナルへの信頼度が高まります。

また、銘柄分散をしっかりと行なうことも大切です。100％確実に当たるシグナルはありえません。どれだけ確率の高いシグナルでも、はずれることはあるのです。「確率の勝負をしているときは銘柄分散を徹底させる」ことが、何にもまして重要なのです。

また、ポジションをとる場合は、日足チャートはチェックし、前日のうちに売買したい銘柄について、ポジション・テイクする価格、ターゲット・プライス、ロスカット・ラインのシナリオを組み立てておきましょう。冷静に物事を考えられる前日の引け後に、それらの下地をしっかりつくれている人と、場中にマーケットが動いているなかでバタバタとしながらその作業を行なっている人とでは、判断の精度に大きな差が出てくるのは、日計りの場合と同じです。

もちろん場中に材料が出たり、突発的な動きが起きたりし

た場合、瞬間的な判断が求められることもありますが、エントリーする際のシナリオは、できるだけ前日のうちに考えておくことをおすすめします。

そして、そのシナリオに基づいて、翌日の寄付きからポジションをつくっていきます。私は基本的に、「ここがポジション・テイクすべき価格だと決めたところに、あらかじめ指値を入れる」という方法を多用していました。

というのも、板を見ながら場中に注文を入れると、つい必要のないところでポジションをとってしまい、バタバタと慌ただしい動きになってしまうからです。これでは、何のために前日、冷静に③の「判断する」ところまで事前準備をしたのか、わからない状態に陥るおそれがあります。

もちろん場中に材料が出たり、何か事前のシナリオとは異なる動き、テーマが出てきたりした場合は、臨機応変に対応することも必要になりますが、そういう事態に対応する余力を持つためにも、事前準備で決めておいた事柄については、寄付き段階の指値注文で済ませ、場中に行なう注文は、あくまでもイレギュラーな事態が発生した場合にとどめておくべきでしょう。

具体的にどのような方法でエントリーするかについては、113ページ SECTION 4-4で解説します。

Column
株式ディーラーのトレーディング・システム

　「ディーラーって、どんなシステムを使って取引しているの？」

　あなたがもし個人投資家であるならば、興味があることだと思います。

　かつては小さなベンチャー的なシステム会社がいくつかあったものですが、最近ではインタートレード社、TCS（東証コンピュータシステム）社の2社がほとんどだと思います。どちらの取引システムも、日計りなどの超短期売買を主流としてきたディーラーたちのリクエストに応え、発展してきたシステムです。

　そのため、取引速度や安定性といったものでは、かなり高い水準を保持しているといっていいでしょう。またポジション管理の機能が優れているという点も評価されます。なぜかといえば、証券会社のディーリング部門は、リアルタイムでのリスク管理やポジション管理が必要であり、誤発注や、コンプライアンス上問題のある取引を抑止するためにも、高いレベルでの管理機能が求められるからです。かなりの部分を発注時点でチェックしながらも、ディーラーたちが求める取引速度を維持しているという意味では、かなりいいシステムだといっていいでしょう。

　ほかに、外資系のシステム会社のものもいくつかあります。

Trading Technologies社やBloombergのEMSX、TORA……といったものです。これらは海外のヘッジファンドなどでは一般的に使われているもので、一部海外商品の取引を行なうために使っている国内ディーリング部門もあります。これらはAPI（Application Programming Interface、プログラムの機能共有仕様）を用意しているため、プログラムを書いて、自動的に取引を行なうといったことが可能なものが多くあります。

　それぞれのシステムに特徴があり、長所・短所があります。自社のディーラーたちの運用手法や取引対象商品がさまざまであればあるほど、その選択はむずかしくなっていきます。

　ではディーラーが個々に、好きなシステムを選べるかといわれたら、基本的にはかなりむずかしいといえます。なぜなら、何十人もいるディーラーが、別々のシステムを使って取引をするとなると、それらを統合して管理することが非常に困難になるからです。そのため、おおむね各社は最初に挙げた2社のシステムのどちらかを使い、一部特殊な商品を扱うディーラーにのみ、別のシステムの利用を認める場合がある、といった状況でしょう。

　私も、いろいろなシステム会社と話もしてきましたし、いろいろなシステムを使ってきました。その開発についての意見を求められることも少なくありませんでした。

　いずれにしても、マーケットとディーラーをつなぐ、とても大切なツールですから、ディーラーたちがマーケットで戦い抜いていくためにも、より良くなっていってくれたらと願っています。

SECTION 4-3

エグジットのポイント

　日計りと同様、スイングトレードであったとしても、エグジットがいちばんむずかしく、適切に実行できない人が多いのではないでしょうか。後でチャートを見て、「ここで利食っておけばよかった」、「ここでロスカットしておけばよかった」と言うのは簡単ですが、場中に適切な判断を下すのはなかなかむずかしいものです。

　ポイントは、これも日計りと同じですが、ターゲット・プライスとロスカット・ラインをあらかじめ決めておくことです。それさえできれば、エントリーと同じように、あらかじめ反対売買の注文を入れておくことが可能になります。

　そして、エントリー時の根拠とそれに基づいたシナリオどおりに株価が動いた場合は、ターゲット・プライスに達した時点で利食い、そのシナリオを否定するような状況になった瞬間がロスカットすべきポイントになります。

　そうなると、「何％損失が生じたらロスカットする」とか、「何％儲かったところで利食う」というように、ターゲッ

ト・プライスやロスカット・ラインを決めるのは、本質的に正しいやり方ではないと考えられます。なぜなら、何%損失が生じたらとか、何%儲かったらというのは、エントリーの根拠とは必ずしもリンクしておらず、あくまで投資家自身の都合によるものだからです。こうした決め方は、シナリオを明確に描けなかった場合、あるいはターゲット・プライスやロスカット・ラインをどう定めていいのかわからない場合に使う次善の策程度に考えておいたほうがいいでしょう。

　では、「ターゲット・プライス」や「ロスカット・ライン」をどこに置くかをどうやって決めていけばいいのでしょうか。

　私の場合は、日計り・スイングあたりまではテクニカル分析（移動平均線とMACDがメイン）を使うことが多くあったことは前述しました。

　もちろんトレードの期間が変われば、指標の計算期間、優先順位などは変わってきます。たとえば、スイングなど一定以上の期間をかけたトレーディングにおいては、ローソク足は日足を用い、日計りにおいては5分足を用いるなどです。

　また日足ベースでは、エリオット波動分析なども活用して、トレンドの強弱などを想定し、順張り・逆張りでどちらを主としていくか、またアグレッシブにリスクをとりにいったり、引っ張ったりしていくか、手堅く値幅を狙わずにいくかなどの強弱をつけるなど、日々のスタンス自体を変えるようにしていました。エリオット波動分析の詳細の解説は割愛します

が、「衝撃波（第1波、第3波、第5波）にあると考えられるときは、日計りでも順張りを基本とし、なかでも第3波にある場合はアグレッシブにポジション量も値幅もとりにいく。修正波（第2波、第4波）にいると考えられるときは、日計りでも逆張りを基本とする」といったような使い方です。

　前章では日計りにおいて移動平均線を使ってエントリーする方法、MACDを使ってエグジットする方法について解説しましたが、次項ではMACDの使い方について、さらに詳しく解説していきましょう（場面が想定できないため、ここで出てくるMACDの計算期間は一般的なものを利用しています）。

SECTION 4-4

テクニカル分析について
——MACD

　本項で解説するMACDの使い方は、テクニカル分析の教科書に書かれている内容とは、多少異なりますが、私なりにバックテストを重ねて検証したうえで得た使い方です。

　まずMACDの特性を理解しておかなければなりません。MACDは期間が異なる2つの指数平滑移動平均の差を示す数値です。つまり、テクニカル指標としては「移動平均線の乖離」に近似した数値が元になっています。そしてMACD自体を単純移動平均化した「シグナル」というもう1本のラインが加えられるのが基本です。そして、MACDがシグナルを上回るときが買い転換、その逆が売り転換のサインになります。

　ただ、売買サインの発生時に重要なのはMACDの水準です。移動平均線の乖離の概念が計算式のベースにあるため、MACDがゼロ近辺にある場合（計算の元になる2本の指数平滑移動平均線が近接している場合）は、原理的にみて移動平均線と株価もほぼ同じ水準になります（乖離が小さい）。そして、乖離が小さい

ときに発生した売買サインは、ダマシになる場合が多いため、私はそれをノイズと考えて排除して見るようにしていました。

MACDをエントリーに使う場合は、「MACDがゼロ水準から何％以上、上下に大きく乖離した状態」で発生した売買サインのみを使うようにしていたということです（**図表4-1**）。

一方で、MACDでターゲット・プライスやロスカット・ラインを決めることには、むずかしい面があります。なぜなら、MACDは価格上のポイントを示してくれるテクニカル指標ではないからです。

したがって、ターゲット・プライスは、価格ではなく

図表4-1 MACDのサインは乖離が大きいときほど有効
（日経225日足チャートとMACD）

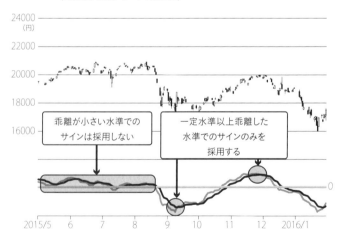

MACDがゼロ水準まできたときを一つのチェック・ポイントとしていました。MACDがゼロ水準に戻るのは、計算の元になる2本の指数平滑移動平均線が近接しているときであり、この場合、株価も移動平均線に近づきますから、乖離が縮小し、解消されたことを意味します。これは前章で解説した移動平均線を使ったエントリーのタイミングと（計算期間の設定にもよりますが）おおむね同じところになります。

つまり、エントリーにMACDを用いる場合はトレンドに対して逆張りスタンスで臨む場合、エントリーに移動平均線を用いる場合はトレンドに対して順張りスタンスで臨む場合という使い分けをしていたのです。

ただ、MACDがゼロ水準に戻ったとしても、必ず利食えるわけではないという点は留意しておくべきです。

移動平均線との乖離の縮小は、株価の下落、もしくは上昇によって調整される場合と、時間の経過によって調整される場合があります。

たとえば、次ジ→**図表4-2**のチャートのように急騰した株価が高値保ち合いを形成するなか、移動平均線がジリジリと上昇して、株価との距離が接近し、やがて乖離が解消されるパターンは、時間の経過によって調整される典型例です。こういう場合は、たとえ利食い水準ではなかったとしても、乖離が解消された時点でしっかり反対売買を行なってポジションをフラットにしておくことが大切です。なぜなら、株価の下落ではなく、時間経過によって調整されたということは、

図表4-2 時間の経過によって乖離が調整されるケース
（日経225日足チャートと100日移動平均線）

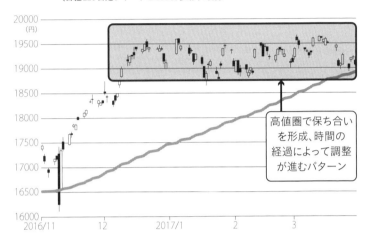

それだけトレンドが強く、買いが入り続けており、高値水準で売りをこなしているとみることもできるからです。その状態で乖離の調整が完了し、次の上昇サイクルに入られると、売り手は大損を被る可能性があります。

　また、株価の下落による調整が十分にある場合でも、持っているポジションをある程度は利食うようにしていました。

　そのまま突き抜ければ利益を伸ばすことができますが、MACDがマイナス圏に乖離を広げるのは、株価が移動平均線を割り込み、トレンドが大きく変化する局面になったという場合のみで、移動平均線近辺で調整を完了して再度、株価が上昇する可能性もあります。そうなったとしても、チェッ

ク・ポイントである程度の利益を確定しておけば、最悪、同値で買い戻すことにより利益を残せます。これは「利を損にしない」ための、ポジション・コントロールの一つの方法です。

　チェック・ポイントで、ポジションを残したまま引っ張るかどうかは、トレンドが反転する可能性がどれだけあるのかを、MACDを含むテクニカル指標によって判断します。そこで鍵になるのが「ダイバージェンス」です。

　ダイバージェンスとは、**図表4－3**（対象期間が長かったため週足にしています）に示すように、「株価自体は前回の高値を抜けていたとしても、MACDが前回の高値水準を上回ることがで

図表4-3　ダイバージェンスの例
（日経225週足チャートとMACD）

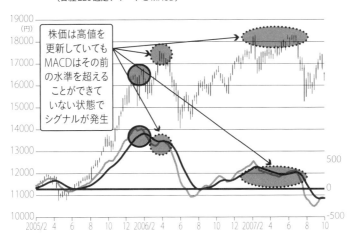

きていないままサインが発生すること」です。こうしたときに、トレンド自体が大きく変化するケースが多く見受けられたため、少なくとも調整がある程度大きな幅のものになるか、トレンド自体の変化につながる場合が多いと考えていました。

　図表4－3では、日経225は2006年4月につけた17563.37円を、2007年春と夏に上回っていますが、同じ時期のMACDは2006年4月の水準を大きく下回っていました。同じような現象は、2006年2月の高値と2006年4月の高値時の比較においても発生しています。このように「株価自体が高値を更新していても、MACDが追いついていない」という状況は、その上昇エネルギーが減退していることを示しています。

　一方、ロスカット・ラインについては、株価水準で決めるのではなく、MACDによる反対売買のサインが発生したタイミングで必ずロスカットするようにしていました。少なくともMACDの乖離が十分に拡大しているポイントでポジションをとっている限り、ロスカットは頻発しないはずです。にもかかわらず、利食い水準まで十分に達しない状態で、サインが発生した場合は、トレンドが非常に強く、時間の経過による調整完了後にさらなる上昇を続ける可能性が高いため、そこでいったんポジションをフラットにしておく必要があるのです。

SECTION 4-5

スイングトレードのポイントのまとめ

　ここまで解説してきたスイングトレードにおけるポイントやその他の留意点をまとめておきましょう。

ⓐ **取引の目的は一定期間の株価の変動である。**

ⓑ **リターンの目的、期間が変わる以上、見るべきものも変わってくる。**

ⓒ **チャート分析もしっかりと行ない、現在の株価の位置・見通しを立てておく。その際、ターゲット・プライス、ロスカット・ラインについても明確にしておくこと。**

ⓓ **個別材料やニュース、決算発表などを把握し、分析しておく。**

ⓔ **海外動向や市場全体に影響を及ぼす材料を把握し、分析し**

ておく。

f 経済カレンダーや、決算スケジュールなどの予定を確認しておく。

g 板にのめり込み過ぎないこと。マーケットとは一定の距離感を保ち、客観視する姿勢を大切にする。

h エントリーの根拠と、エグジットの根拠が一貫性を持つこと。

i 計画的なナンピンはよし。安易なナンピンは厳禁（超短期売買と同様に）。

j 利乗せについてはターゲット・プライスや自信の度合いによってリスクとリターンを見極めながら行なう（超短期売買と同様に）。

k 想定外の動きが起きたときは、ヘッジを優先するか、ロスカットを優先するか、ポジション状況（銘柄数やリスク量の状況）によって判断する。

第 5 章

プロが教える勝利の方程式③
中長期投資

Practical Textbook for Stock Traders

SECTION 5-1

中長期投資の事前準備

　中長期投資の場合、事前準備として必要になるものは日計りやスイングトレードに求められるものと大きく違います。場中にマーケットでやるべきことはそれほどなく、企業調査や分析に割く時間が大きく増えます。

　中長期投資における投資判断は、大半がファンダメンタルズを基本にしていますが、ファンダメンタルズは短期間で大きく変化するものではないので、ロングショートであれば、短期的に相場が上下しても、あまり気にする必要はありません。逆に、ファンダメンタルズを根拠にしてポジションをとっているにもかかわらず、短期的な相場変動によって投資判断がブレてしまうことのほうが問題です。

　ロングオンリーでも、運用の背景にある前提条件（ロスカット・ラインなど）が、リスク許容度の高いものであれば、短期的な相場変動に一喜一憂しなくてもいいでしょう。言い方を変えれば、中長期的な視点に立ってファンダメンタルズの変化をとりにいっている以上、短期的な相場変動によって過度に

振り回されることがないようにポジション・コントロールをする必要があるということです。

また、自身のトレード分析というものはそれほど重要ではなくなり、業界研究や企業研究・銘柄分析に充てる時間が増えていくはずです。情報収集の情報源は『会社四季報』やアナリストレポート、各企業の適時開示情報のほか、決算説明会も重要です。決算説明会についても、最近はその様子を、映像でストックしている企業もあります。

投資信託やヘッジファンドであれば、ファンド・マネジャーやアナリストが直接、企業を訪問し、数字の裏付けをとるほか、経営者の資質や会社の雰囲気など、公表資料だけではわからない情報をリサーチします。

一方、急速にコンピュータの処理性能が高度になり、AIも活用され始めている昨今では、データ分析を基にして株式運用を行なう投資会社も増えています。いわゆる「ビッグデータ」を用いてデータを分析したり、AIに学習させたりしながら、運用ストラテジーを構築していくのです。こういったアプローチも「クオンツ」の一つです。

ただ、株式市場はあまりにも複雑で、さまざまなファクターによって変動するため、中長期投資のように投資期間が長くなるほど、相場変動を左右する要素が非常に多くなります。そのため、コンピュータ・プログラムを用いた投資のアプローチは、まだ発展途上であり、長期運用の世界では短期売買に比べればマイナーな存在にとどまっています。

Column
ディーラーを支える人たち

　ディーラーというのは孤独です。場中、マーケットと対峙しているときはとくにそう感じるでしょう。どんなに辛くても、どんなに怖くても、結局自分で決断していくしかないのですから。一方で、大きな収益を上げていると、「稼いでやってるんだ」と傲慢になりがちなのもディーラーです。

　個人投資家なら自己完結ですから、それでもいいのかもしれません。しかし、仕事でディーラーをしている人間は、たしかに花形であり、舞台の上に立つ存在ではありますが、その裏方にはたくさんの人がいることを忘れてはなりません。どんなにいい舞台でも、監督、大道具、小道具、照明、音声、衣装、メイク……など、さまざまな人たちが支えてくれて初めて、成り立っているのです。

　ディーラーを支えているのは、管理部門、監査・コンプライアンス、IT部門、経理部門などのバックオフィスです。あなたが注文を出して、約定します。その伝票の処理や管理、決済処理などすべては経理部門の人たちがやってくれています。そしてシステムトラブルが起きたときに対応することはITスタッフ、問題が起きたときに監督官庁に届け出や報告をしたりすることは監査・コンプライアンス部門の人たち、日々の売買のモニタリングは管理部門の人たちがやってくれているはずです。そして何よりあなたというディ

ーラーを信頼して、マーケットで戦うためのポジション枠を付与してくれている経営陣がいます。

あなたが、稼げたからといって傲慢になり、感謝の気持ちを忘れてしまっていたら、あなたが苦しい状況に陥ったときに誰も支えてはくれないでしょう。あなたが、何か新しいことをやりたいと思ったとき、誰も力を貸してはくれないでしょう。

ディーラーはマーケットで稼ぐのが仕事であり、稼げるということは最低限の当たり前のことにすぎません。その仕事を行なうのと同時に、人に信頼され、支えられるようになってこそ、ディーラーという仕事を長く続けていけるのだということは、忘れてはならないと思います。

SECTION 5-2

エントリーのポイント

　中長期投資のエントリーは、超短期売買に比べてタイミングの重要性が低くなります。投資の目的が、企業の成長性やバリュエーションの修正・変化にあるとするなら、分析プロセスでシナリオをしっかり描くことができ、ターゲット・プライスも想定できるはずです。

　買いの場合、現時点での株価がターゲット・プライスを十分に下回っており、リスクに比べてリターンが見込めるのであれば、エントリーするべきです。注意すべきことは、タイミングを考えながら「底値で買おう、天井で売ろう」というような欲はかかないことです。

　中長期投資の場合、取引の目的は短期的な株価のブレをとることではないので、「シナリオが描けている銘柄なのにポジション・テイクできないリスク」を避けるべきでしょう。保有期間中にある程度、評価損を抱える場面もあるでしょうが、シナリオが崩れていない限り、いずれその株価は再評価されていくはずです。

エントリーのタイミングですが、理想をいえば、誰も注目していないような時期にコツコツ仕込むことです。そして、一定の保有期間が経過した後、その銘柄の材料などがマーケットで話題となり、売買が盛り上がり、株価が急騰する局面でエグジットする。これが理想形です。

　したがって、すでにマーケットの話題になり、株価が上昇局面にあるときにポジションを持つのは、得策ではありません。マーケットで注目されているときは、すでに株価が割高になっています。大切なことは、その企業・銘柄の将来価値に対して、現在の株価がそれをどこまで織り込んでいるのかをしっかり考えたうえで、投資判断を下すことです。

　ロングオンリーならば、ポジションをつくるタイミングも、ある程度分散することが求められます。相場全体が高値圏にあるときに一気にポジションをつくると、調整局面で大きな損失を被り、ロスカットを余儀なくされるケースもあるからです。ロングオンリーの場合、相場全体の方向性に影響を受けやすいので、ロングショートに比べて、エントリーのタイミングがより重要な意味を持ってくるのです。

　また、ショートポジションを組み合わせることによって、相場全体の変動からの影響を抑制しているロングショートに比べ、ロングオンリーの場合は、相場全体の変動リスクを直接受けやすくなるため、ポジション・コントロールも、よりむずかしくなります（SECTION5-4参照）。

SECTION 5-3

エグジットのポイント

　シナリオが実現し、ターゲット・プライスを達成できれば利益確定、シナリオが崩れたときはロスカットします。「評価損が何%になったらロスカットする」というようなルールは、長期保有前提の場合はあまりふさわしくありません。

　むずかしいのは、想定外の事態が生じたときです。そこまで下がるはずがないという水準まで下がったり、そこまで上がるはずがないという水準まで上がったりしたときは、どういう対応をすればいいのでしょうか。

　基本的なスタンスとしては、想定外の出来事は「シナリオが崩れた」という認識で、利食いおよびロスカットをするべきだと考えます。ただし、それを行なう前に、きちんと要因分析をする必要があります。自分が当初、描いたシナリオに対して、ターゲット・プライスより値上がりするだけの新しい材料があり、それに納得できるのであれば持ち続ければいいでしょうし、逆により値下がりしたとしても、それが一時的なもので、やがて水準訂正されることが想定できるなら、

ロスカットしないという選択肢もあります
　ただエントリーにせよ、エグジットにせよ、中長期投資の場合は、短期的な値動きをとりにいくわけではないので、分析・判断は場中の値動きで行なうよりも、相場が引けた後、冷静な状態で行なうべきでしょう。冷静な状態で分析し、それでも理解できない状態に陥っているときは、ロスカットするか、リスクを大幅に圧縮するなどの対処を、翌営業日に執行すればいいのです。
　よほど極端な株価変動が生じない限り、あまり日々の値動きにとらわれずに、日々の分析を基に一つ一つ対処していくのが得策です。

SECTION 5-4

ポジション・コントロールの
ポイント

　中長期投資のポジション・コントロールは、銘柄分散をしっかり行なうことに重点を置きましょう。資金力がないうちは仕方ありませんが、収益を安定させるためにも銘柄分散は必要です。どれだけ分析力が秀でていたとしても、予測ははずれることもあります。一つのトレードに多額の資金を投入し、それが失敗に終わったら、致命的なダメージを負ってしまいます。

　もちろん、自信の度合いに応じて強弱をつけるのはかまいません。ただし、その偏りが過ぎると、一つの失敗がポートフォリオ全体に及ぼす影響が大きくなり、運用全体に影響を与えてしまいます。

　銘柄分散を行なう際には、各銘柄の流動性への配慮も必要です。流動性に対するポジションのバランスが悪いと、流動性リスクを過大に抱え込むことになり、エントリーとエグジットの執行コストが上がってしまいます。

　たとえば1000円の株価で買おうと思っても、その銘柄に

一定の売りがないと、買い注文を入れたとき、株価が値上がりしてしまい、想定した株価よりも高い株価で買わざるをえなくなる分が執行コストに相当します。逆に、1000円で売ろうとしても、一定の買いがないと、売り注文が成立する株価が、想定した株価よりも下がってしまい、その分が執行コストに相当します。ポートフォリオの規模が大きくなればなるほど、流動性への配慮が重要になります。

　また運用資産規模が大きくなるほど、個別銘柄の分析だけでなく、ポートフォリオ全体をどう評価・分析するかも学んでおいたほうがいいでしょう。自分のポートフォリオは相場が変動したとき、どのような反応を示し、どのようなリスクがあるのかを把握しておくのです。

　たとえばロングショート戦略で中長期投資を行なう場合、買いが中小型株に偏っていて、売りが代表的な大型株や株価指数だと、買いと売りのポートフォリオ特性は大きく異なります。その違いが収益源になることもあれば、リスクになることもあります。中小型株は個人投資家の、大型株は外国人投資家の市場シェアが高いので、こうした投資主体の動向が、ポートフォリオ全体に影響を及ぼすのです。

　このように、さまざまな分析をしながら、自分のポートフォリオのパフォーマンスについて、なぜそうなったのかを理解しておくべきです。とくに、他人の資金で運用する、プロの運用者であれば、投資家への説明責任が生じるため、自分が運用しているポートフォリオの理解が必要です。

SECTiON 5-5

中長期投資のポイントのまとめ

　ここまで解説してきた中長期投資におけるポイントやその他の留意点をまとめておきましょう。

ⓐ 取引の目的は企業の成長や業績変化などのファンダメンタルズ、バリュエーションの変化にある。

ⓑ 長期間の保有が前提となるため、短期的な値動きにとらわれないこと。

ⓒ 株価水準に対する自分自身の基準、見通しをしっかりと持つこと。

ⓓ 業界研究、企業分析などが基礎となる。また自分のシナリオをしっかりと持つこと。

ⓔ 売買が盛り上がり、急騰しているような銘柄に飛びついた

りせず、あくまで自分自身の株価に対する適正水準を元に投資判断を行なうこと。

⑤運用資産額が大きければ大きいほど、分散投資を徹底させること。

⑨運用資産額が大きければ大きいほど、流動性リスクに対して十分な配慮を行なうこと。

⑪シナリオが実現し、ターゲット・プライス水準に達したら利食い、シナリオが崩れた時や想定外の水準に株価が達してしまったときはロスカットする。

①個別銘柄分析だけではなく、ポートフォリオ全体での特性やリスクについても考える。

第 6 章

デリバティブ取引について

Practical Textbook for Stock Traders

SECTION 6-1

デリバティブ取引とは
どういうものか？

　デリバティブ取引についてはそれだけで一冊の本になるほど書くべきこと、知るべきことがありますが、本書の目的はそこにはありませんので、本章でその特性や歴史、一般的な知識までを解説するにとどめておきます。

　本来であれば、超短期売買、スイングトレード、中長期売買のそれぞれの章のなかで、デリバティブ取引についても解説するといいのですが、デリバティブ取引は、先物取引、オプション取引、そして両者を組み合わせた取引というように、さまざまなアプローチがあることと、なぜか昔から派生商品中心に取引を行なうディーラーと、個別株中心に取引を行なうディーラーは異なることが多かったので、今回は対象商品の特徴や留意点を切り口としてまとめてみました。

　この章を読み進めていくと、むずかしいとか、わかりづらいとか、そんなふうに感じてしまうかもしれません。しかし、その仕組みをきちんと理解しておくことが、それを理解できていない人たちより、一歩先に収益機会をみつけることにつ

ながるかもしれません。また、マーケットで起きていることを理解するうえでも十分に役立つでしょう。それぐらい派生商品におけるポジションは、株式市場全体にも大きな影響を及ぼすようになっているのです。

　日本における代表的な株価指数先物といえば、日経225先物、TOPIX先物です。あるいは、最近注目を集めているものとしては、JPX日経400先物やマザーズ指数先物などもあります。

　また、日経225先物はSGX（シンガポール取引所）やCME（シカゴマーカンタイル取引所）にも上場されていますし、TFX（東京金融取引所）では日経225の証拠金取引が上場されています。さらに、それぞれの株価指数に連動する仕組みを持つETFもあり、「日経225」や「TOPIX（東証株価指数）」を原資産としたデリバティブ商品は多岐にわたっています。

　これらに加えて、オプション取引があります。オプション取引のなかでも流動性が高く、主に取引されているのは日経225オプションです。また、あまり活発に取引されている状況ではありませんが、個別株のオプション取引もあります。

　それらを用いた運用はさまざまですが、個別株とは違う視点、アプローチが必要になります。ここではそのいくつかを取り上げていきたいと思います。

SECTION 6-2

先物によるアウトライト取引
（日計り・スイングなど）

　派生商品を使った最もシンプルな取引です。流動性もそれなりにあるので、ある程度大きな金額での取引も可能です。2000年代半ばには地場証券のディーリング部門による先物取引が活発に行なわれ、売買手口上位には地場証券各社が並んでいるような時期もありました。私もその一人として各社の友人でもありライバルでもあるディーラーたちとしのぎを削っていました。

　ただ、個別銘柄以上にHFTや取引高速化による影響が大きく、地場証券のディーリング部門で、この手法を中心に大きくリターンを上げているディーラーは激減し、いまでは手口に出てくることもほぼなくなりました。

　基本的に、デリバティブの短期トレードにおいて準備すべきこと、意識すべきことは、個別株と同じです。テクニカル指標の有効性や事前に調べておくべきことも同じといっていいでしょう。個別銘柄については、指数に対する寄与度の高い銘柄の情報は、しっかり把握しておく必要はありますが、

寄与度の低い銘柄はあまり気にしなくてもいいでしょう。

　ちなみに指数に対する寄与度の高い銘柄とは、その銘柄の株価動向が、指数の値動きに大きな影響を及ぼす銘柄のことです。日経225への影響力が大きな銘柄は、ファーストリテイリング、ソフトバンク、ファナック、KDDI、東京エレクトロン、京セラなどがあります。日経225先物の値動きを分析、予測する際には、こうした指数への寄与度が高い銘柄の動向にも注意しておく必要があるのです。

　では、まずは先物取引を行なうに際して、理解しておく必要のあることをいくつか説明しておきましょう。

①理論価格

　日経225先物（ラージ）は3月、6月、9月、12月（それぞれ「限月」といいます）の第二金曜日の前日を取引最終日とするものが常に13種類、取引所に上場されています（1つの限月の先物が満期になると次の先物が上場になり、常に13種類の日経225先物が上場していることになります）。また、それ以外にも日経225先物ミニや、異なる取引所の日経225先物などもあり、それぞれ上場されている限月が定められています。

　先物取引はあくまでも派生商品です。つまり原資産があり、そこから派生した商品という意味です。日経225先物の場合、その原資産は日経225（＝日経平均株価）という株価指数になります。

　これは実際に両者の値動きを見るとわかるのですが、日経

225先物は日経225を原資産としますが、その価格は決して同一ではありません。唯一、SQ（Special Quotation＝特別清算指数）といって限月の第二金曜日に先物取引の清算が行なわれるときだけ、SQ値（構成銘柄の始値によって計算される値）とは同一価格になりますが、それ以外のときは常に両者の価格が近づいたり、離れたりを繰り返します。

では、先物取引の理論価格とは何か、ということですが、この理論価格を理解することによって初めて、いまの先物取引の価格が割高なのか、それとも割安なのかを判断できます。その計算式は、以下のようになります。

　日経225先物の理論価格＝日経225＋金利－配当

単純に書くとこうなります。金利は、日経225に採用されている全銘柄（以下、現物株バスケット）をSQ当日まで、保有していた場合にかかると考えられる金利コストのことです。配当は、現物株バスケットをSQまでのあいだ、保有していた場合に受け取れると考えられる配当収入になります。

先物取引は、取引にかかる総額を払い込む必要がなく、取引総額の一部を証拠金として預託すれば取引できるので、多額の現金は必要ありません。対して現物株バスケットを買えば、基本的には現金が丸々必要になります。

もし、先物と原資産が同一価格であれば、取引に際して、現金全額を必要としない先物取引のほうが有利になってしま

います。現物株バスケットを保有した場合に必要な資金にかかる金利分だけ、先物のほうが高くなければ整合性がとれなくなるので、原資産に金利分を足すことになるのです。

　一方、配当はその逆で、現物株バスケットを保有していれば、その間に配当収入が得られますが、先物は配当が発生しません。そのため、配当分は先物取引のほうが安くなります。また、限月が異なれば清算までの日数も変わりますし、その間に受け取れる配当なども変わってくるため、限月によって理論価格は異なるのです。

　配当収入が金利収入より大きい場合、その上回った分だけ、先物の理論価格が原資産より安くなることもあります。とくに昨今はゼロ金利といわれるような金利情勢であるため、理論価格が原資産に比べてマイナスということは生じやすくなっています。実際の市場において、原資産に比べて先物取引の価格が安いからといって、それは決して割安という意味ではありません。あくまでも理論価格に対して、先物の価格が安いか高いかが大事なのです。

　それを知っているだけで、先物の取引チャンスは広がります。各限月の理論価格を理解していれば、どれが割安で割高なのかが見えてくるからです。

　先物と原資産は、それぞれが別々に動いている市場なので、時として価格に乖離が生じることがあり、そこに裁定取引のチャンスが生まれます。たとえば「キャッシュアーブ」という、先物売り・現物株バスケット買い（裁定買い）や、先物買

い・現物株バスケット売り（裁定売り）、異なる限月による価格差・理論価格との乖離をとりにいく「限月間スプレッド」などです。

②指数構成銘柄・寄与率

　原資産である株価指数は複数の個別株によって構成されています。そしてその構成銘柄によって、株価指数に特徴や違いが生じてきます。複数ある株価指数の違いを理解していると、日計りや超短期売買においても銘柄を選択する際の判断基準にもなります。

　たとえば特定の業種や銘柄が極端な動きをしていた場合、その影響を受けやすい株価指数は何か、為替の影響を受けやすい株価指数は何か、金利変動の影響を受けやすい株価指数は何か、といったことが見えていると、「今日は買いでいくなら日経225先物のほうがいい」とか、「TOPIX先物のほうがいい」という判断ができるのです。

　その延長線上に、銘柄間裁定という取引手法があります。NT倍率（日経225÷TOPIX）がその代表です。たとえば、しばらくNT倍率が上昇すると思われるときは、日経225がTOPIXに比べて強くなると判断できるので、日経225先物を買い、同金額分のTOPIX先物を売却します。

　ここで、日本を代表する株価指数の中身について、簡単に触れておきましょう。

　日経225は、「日本経済新聞社が選出する225銘柄」、

TOPIXは「東証一部全銘柄」によって構成されています。

　計算方法も異なっていて、日経225は「修正単純平均」で、TOPIXは「時価総額加重平均」です。日経225の場合、225銘柄の株価を合計し、それを除数で割って算出されます（「みなし額面」を考慮する必要があります）。したがって、基本的には株価が高い銘柄ほど寄与度が大きくなります。対してTOPIXは、時価総額が基準となるため、株価が高くても発行済み株式数が少ない銘柄や、浮動株比率が低い銘柄の寄与度は、それほど高くなりません。結果、日経225とTOPIXとでは、寄与度上位20銘柄の顔ぶれが違ってくるのです。そしてその違いが、株価指数としての特性の違いにつながり、NT倍率を狙った取引機会を生むことになります。

　JPX日経400先物や、マザーズ指数先物も、それぞれに特性があります。とくにマザーズ指数先物は、採用銘柄が他の代表的な株価指数とはまったく重なりませんし、東証一部では外国人投資家が最大のシェアを占めているのに対し、新興市場は個人投資家が最大のシェアを占めているという違いもあり、まったく異なる動きをすることも多々あります。それぞれの指数の特徴を理解するためにも、その構成銘柄をある程度把握しておくことはとても重要です。

　また指数構成銘柄は銘柄の入れ替えが行なわれますが、時としてそれが、大きな取引機会になります。少し話がそれてしまうかもしれませんが、その事例として2000年4月に行なわれた、日経平均（日経225）採用銘柄の大量入替を振り返っ

てみましょう。

　2000年4月15日、日本経済新聞社が日経平均（日経225）採用銘柄を同時に30銘柄入れ替えることを発表しました。これによって日経225は暴落し、NT倍率が急低下しました。

　発表直後の4月17日から、同月末までの下落率は、日経225が▲12.04％、東証株価指数が▲0.29％だったことからも、採用銘柄の入れ替えを材料にして、日経225だけが急落したことがうかがわれます。

　当時はITバブルの終盤に差しかかっており、株式市場では「インターネット」や「ハイテク」という名がつけば、何でも買われるという様相を呈していました。鉄鋼・化学・素材といったセクターは重厚長大産業とされて株式市場の活況から取り残され、株価は低位に放置されていました。そうしたなかで、日本経済新聞社は、時代の変化に対応するため、新しい時代にマッチした産業に属する銘柄を新規に組み入れ、旧来の重厚長大産業銘柄を除外する銘柄入替を一気に行なうと発表したのです。

　これは株価指数の仕組みや、それを基にどういう取引が行なわれているかを理解している人にとっては、驚くべき決断でした。**図表6-1**は除外された30銘柄と、新たに組み入れられた30銘柄です。

　発表前の終値で見た場合、除外銘柄の株価合計は7819円。新規組入銘柄の株価合計は14万8672円でした。その価格差はあまりにも大きく、日経225という株価指数の連続性を保

図表6-1 2000年の日経平均（日経225）採用30銘柄の入れ替え

除外　　　　　ニチロ、三井鉱山、住友石炭、日本甜菜製糖、ホーネン、富士紡績、東邦レーヨン、ラサ工業、日本カーバイド、日本化学工業、日本合成、旭電化、日本油脂、東洋ゴム、日本カーボン、ノリタケ、品川白煉瓦、日本金属工業、日本冶金工業、日本電工、三菱製鋼、志村化工、昭和電線電纜、東京製綱、日本ピストンリング、西華産業、岩谷産業、丸善、山九、三井倉庫

採用　　　　　JT、花王、第一製薬、エーザイ、テルモ、TDK、ミツミ電機、松下通信工業、アドバンテスト、カシオ電機、ファナック、京セラ、太陽誘電、松下電工、三菱自動車、富士重工、東京エレクトロン、セブン-イレブン、イトーヨーカドー、ジャスコ、日本興業銀行、大和銀行、東海銀行、静岡銀行、住友信託銀行、安田信託銀行、住友海上火災、JR東日本、DDI、NTTドコモ

たせるために使われる「除数」に、大きな影響を与えました。発表後、除外される見通しの採用銘柄群は大きく売り込まれ、新規で組み入れられる銘柄群は買い上げられました。そして、入替実施日に割高な水準まで買われた新規組入銘柄が、日経225の構成銘柄になったものの、それらはたんに需給要因で買い上げられただけなので、組み入れ後の株価は急落しました。

　日経225への連動を目指す投資信託は、一現物バスケットあたりの必要金額が急激に増えたために、ポジション全体を売って買い余力をつくり、調整する必要が出てきましたし、裁定取引業者も、除数が大きく上昇したことで影響を受けました。これらの影響によって、日経225だけが暴落したのです。それは、株価指数構成銘柄や計算方法、それによってどういった取引が市場で行なわれているかを理解している人にとっては、大きな収益機会になりました。

　さすがに、これだけ雑で危険な銘柄入替を再度、行なうとは思いませんが、構成銘柄の入れ替えが、株式市場に影響を与えるということは、知っておいて損はないでしょう。時として、それが収益機会につながることもあります。個別株の運用者も、除外銘柄や組入銘柄を取引する場合もあるでしょうから、需給的な背景を理解しておくべきです。

SECTION 6-3

ヘッジトレード（裁定取引）

　一般的に裁定取引というと、先物と原資産の価格差を使った取引を指します。「割高な先物売り、割安な現物バスケット買い＝裁定買い」、「割安な先物買い、割高な現物バスケット売り＝裁定（解消）売り」といった具合です。

　「裁定残」とは、裁定取引によってつくられている現物株のポジション残高を示すものです。原資産と、それを基にした派生商品で売り買いを組み合わせる取引手法は、理論価格と市場価格の乖離に着目し、そのサヤをとることを目的としています。一度、良い価格差でポジションを組めば、リスクはほとんどありません。

　1990年代は、さまざまな証券会社が裁定取引を行なっていました。外資系証券、大手証券だけではなく、中小証券でも自己売買部門で、かなり活発にこの取引をしていたのです。当時は取引速度が遅かったので、原資産と先物の価格差が、大きく開く場面もありました。そのため、中小証券でも十分に収益機会となる場面があったのです。

しかし、その隙間は時代とともに失われていきました。取引速度が高速化されていき、システム・プログラムによる監視、自動的な発注が増え、徐々に装置産業化していったのです。そうなると、設備に多額の投資ができる、資本力のある外資系や大手証券、銀行系証券が圧倒的優位に立つようになり、中小証券でこの取引を行なっている会社はなくなってしまいました。

 また、原資産と先物の価格差自体も縮小し、うま味がなくなり、裁定取引の目的も変わっていきました。

 外資系証券や大手証券は「プライムブローカーレッジ」という業務を行なっており、そうした部門は、顧客であるヘッジファンドなどに株券を貸し出しています。基本的には機関投資家や大株主から株を借りてきて、それを貸し出しているのですが、自己勘定による裁定取引でリスクを限定し、自社で「現物株バスケット」を大量に保有して貸株に回し、貸株料で利益を上げるのです。

 この取引は資本力があるか、資金調達コストが非常に低くなければできません。ただ、数兆円という規模でこれらの取引は行なわれているため、その動向には注視しておく必要があります。

 このほかにも、さまざまな「裁定取引（ヘッジトレード）」が行なわれています。具体的には、以下のものが、裁定取引の中心です。

1 市場間裁定取引

　同一の原資産でも異なる市場に上場されている場合、そこに価格差が発生したときに割高なものを売り、割安なものを買う取引です。代表的なものに、日経225による大阪取引所とシンガポール取引所（SGX）、シカゴマーカンタイル取引所（CME）のあいだで行なわれている市場間裁定取引があります。それ以外にも、東京証券取引所に上場されているETFや、東京金融取引所に上場されているCFD（くりっく株365）にも、日経225を原資産とした商品があるので、これらも裁定取引の対象になります。

2 銘柄間裁定

　異なる原資産を持つ派生商品間で売り買いを組み合わせる裁定取引です。代表的なものは、先に解説した日経225先物とTOPIX先物を組み合わせたNT取引があります。これを国内の他の株価指数先物や、海外株価指数先物、商品先物などと組み合わせる取引などをしている人もいます。

3 先物とオプションを使った裁定取引

　日本では、オプション市場で十分な流動性があるものが日経平均（日経225）オプションのみなので、一般的に行なわれているのは日経225先物とそのオプションを組み合わせた裁定取引です。オプションは、「合成先物（シンセティック）」と呼ばれるコール・オプションとプット・オプションの売り買い

を組み合わせることで、実質的な先物を組成することができます。それを利用して先物とオプション市場とのあいだに乖離が生じたときに裁定取引を行ないます。

　先物やそれに類する商品の価格に対して十分に理解があれば、こうした取引を行なうことも可能です。ただし、高速化されている現在の市場において、価格差をとりにいく裁定取引は、システムによるサポートがなければ収益を上げにくくなっているのが実情です。そういった面からはある程度、相場観が必要な銘柄間裁定あたりが、ディーラーや個人投資家で行なう裁定取引としては現実的かもしれません。

SECTION 6-4

オプション取引

　私のディーラーとしてのスタートはオプション・ディーラーでした。オプションで取引をするために、プログラミングも覚え、たくさんの勉強をしてきました。そしてオプションの取引をしているときに、阪神淡路大震災やベアリングス・ショックも経験しました。その後、個別株式も先物の短期売買も、ロングショートやテクニカル・ベースのディーリングもしてきました。その経験のなかではっきりといえることは、オプションほど自分の相場観を自由に表現できる商品はないということです。

　これほど魅力のある商品なのに、なぜか日本市場ではあまり盛り上がっていません。それはなぜか？　過去に巨額損失の例が後を絶たなかったため、「オプションは危険」というレッテルを、オプションを理解しようとしていない市場関係者が貼ってしまったからだと感じています。

　ここではそうなってしまった経緯、どこに問題があったのかを示しながら、オプション取引について考察してみたいと

思います。

オプション取引における過去の巨額損失事例としては、**図表6-2**のようなものがあります。

ざっと振り返ってみても、これだけのことが過去に起きているのです。ここで共通しているのは、すべて「オプションの売り」によるものだったことです。

そこから「オプションの売りは危ない」というレッテルが貼られ、各証券会社がオプションの売りに対して、決して合理的とは思えない制限をかけるようになってしまったのです。その結果、オプションを適切な管理下で取引できる環境が失われていき、取引が伸び悩む大きな原因となってしまいました。

オプションの売りは本当に危ないのでしょうか？　決して、そんなことはありません。オプションの売りポジションに対するリスクを適正に判断できず、安易に大量の売り建玉をつくるという行為を行なっていたから危ないのです。「ガンマ・リスク」の軽視です。

154ぺ**図表6-3**にオプションを評価するうえでポイントとなる用語をいくつか載せましたので、それを参考にしつつ、以下の説明を読み進めてください。図表6-3に載せた用語はGreeks（ギリシャ指標）とも呼ばれ、いかにも数学的な印象があるのでむずかしいと感じてしまうかもしれません。ただ、その計算式（モデル）や算術的なものを理解するレベルまで学ぶことが必要なわけではありません。あくまでそれぞれの項

図表6-2 オプション取引における巨額損失事例

1990年代	K証券は日経225オプションの売り建玉でコール・プットともに常に上位におり、毎限月、大量の売りポジションを持っていた。相場が急変動した際に巨額損失が発生し、ディーリング部は閉鎖に追い込まれ、系列銀行から第三者割当増資で救済措置を受けるにいたっている。
1995年	英国名門銀行であったベアリングスがたった一人のトレーダーの取引によって破綻に追い込まれた。SIMEX（現SGX、シンガポール取引所）における日経225先物の大量の買い建玉が話題となったが、元々はオプションの売り建玉から始まっている。
2000年代半ば	T証券はディープ・アウトのオプションを大量に売り建てており、相場が強い上昇トレンドに入ると巨額の損失を発生させて、取引所の証拠金制度の変更措置がとられる事態を招いた。
2011年	東日本大震災、その後の放射能ショックによる相場急落により、ディープ・アウトのオプションを売り建てていた個人投資家に巨額損失が発生。支払い不能状態に陥り、ネット証券各社も損失を計上せざるをえない事態を招いた。ある会社は撤退にまで追い込まれている。

図表6-3 オプションを評価するうえでポイントとなる用語

コール・オプション	買う権利。権利行使価格25000円の日経225コール・オプションであれば、日経225を25000円で買う権利になる
プット・オプション	売る権利。権利行使価格25000円の日経225プット・オプションであれば、日経225を25000円で売る権利になる
SQ（スペシャル・クオーテーション）	特別清算指数。SQ日といえば、SQが計算される日のこと。日経225オプションは、2015年よりウイークリーオプションが導入されたため、毎週金曜日にSQが計算されている
プレミアム	オプションの価格のこと
インプライド・ボラティリティ（IV）	市場でついているオプション価格（プレミアム）から計算される予想変動率
ヒストリカル・ボラティリティ（HV）	過去の原資産の価格推移から計算される予想変動率
デルタ（Delta）	原資産が1円動いたときのオプション・プレミアムの変動率。デルタが1であれば原資産と同じように価格が変動する。つまり先物（日経225であればラージ）と同様
ベガ（Vega）	IVが1％変動したときに変化するオプション・プレミアム
ガンマ（Gamma）	原資産が1円動いたときのデルタの変化
セータ（Theta）	タイム・ディケイ（時間の経過）によって1日に減価するオプション・プレミアム
ロー（Rho）	金利に対する感応度。よほど大量のポジションや、かなり遠い限月のポジションを持たない限りはあまり気にする必要はない

目が持つ意味を理解していれば十分です。入門書でやさしく解説しているものもありますし、ホームページでシミュレーターなどを提供しているところもありますから、見てみるといいでしょう。

さて、過去の巨額損失に共通している発想があります。

それは、「権利行使価格が遠いオプションであれば、売っていてもリスクは少ないだろう（そこまでは下がらない・上がらないだろう）」、あるいは「コールとプットを両方売っておけば、方向性のリスクはないから大丈夫だろう」というものです。

この発想が大きな落とし穴なのです。

オプションの場合、権利行使価格が遠いオプションは、ディープ・アウトと呼ばれ、そこまで日経225がいってしまう可能性が低い分、プレミアムは非常に安くなっています。オプションの売りは利益が限定されており、そのプレミアム分だけしか利益になりませんから、期待される収益が少ないと感じて、その分、枚数を売りたくなってしまうのです。そして権利行使価格が遠ければ大丈夫だろうと安易に枚数を売り建てる。そしてコールもプットも両方売っておけばリスクは少ないと考える。まさに素人の発想です。

確かに、コールもプットも売っておけば、その時点でのデルタは非常に小さくなり、一見、方向性のリスクはないようにみえます。しかし、そのときにガンマという数値は非常に大きくなっているのです。

素人の発想に欠けているのは、「日経225がそこまでいく

かもしれない」という慎重さなのです。

　「だろう」運転ではなく、「かもしれない」運転を心がけなさいと自動車教習所で教わりますが、それと同じことです。個別株式や先物であれば、どれぐらいの金額を買っていて、いくらまで下がったら、どれぐらいの損失が出るかが簡単に計算できます。一方、オプションの場合は、簡単にはいきませんが、Greeksは計算できるものである以上、日経225がいくらまで下がったら、そのオプションのプレミアムがいくらになるか、はある程度試算することができるのです。どんなに複数のオプションを組み合わせていても、それは可能です。そういったシミュレーションをしっかりとやっていれば、過去の巨額損失のような危険極まりないリスクのとり方は防げたのだと思います。

　私がまだ若手のオプション・ディーラーだったころ、オプションの売り建玉を持った状態で取引をしていました。「セル・ボラ（ボラティリティを売る）、ショート・ガンマ」などと呼ばれるポジションでした。俗に、「10回に9回は勝てる。でも1回のヤラレで、それ以上の損失を出す」といわれたりもしていたストラテジーです。そんなときに阪神淡路大震災やベアリングス・ショックが起きました。何もしなければ、それなりに損失が出かねなかったのですが、ポジションを閉じたときには利益で終えることができました。

　毎朝、そのポジションのシミュレーションを行ない、日経225がいくらまで下げたら、先物を売ってヘッジをかける、

そしていくらまできたら、コールのプレミアムはいくらぐらいになっているだろうから、それを買い戻して、次にこの権利行使価格を売るなどという「ヘッジ・プラン」を立てていました。私にとっては、朝立てたプランどおりに執行していっただけのことでした。日経225がそこまで下げたときに、ポジションがどうなっているかを想像できていたから、動揺も焦りもなく、淡々とポジションをコントロールするだけのことです。

　オプションは確かにむずかしい商品です。その取扱説明書をしっかりと読み込む必要があります。しかし、「オプションが危険」なのではなく、「オプションをきちんと理解しないでリスクをとる行為が危険」なのです。きちんと理解したうえで取引をすれば、こんなに自由度の高い商品はなかなかないと思います。相場が上げても、下げても、動かなくても、自分の相場観どおりに動きさえすれば利益を出すことができるのですから。

　オプション取引については、残念ながら、ある程度自由に運用できる環境にある証券会社は、非常に少ないといえます。せっかく勉強しても、なかなかそれを活かす場がないかもしれません。それでも、少しずつでもその魅力を理解してもらえるように伝えていこうという動きが業界の各所に出てきています。ぜひ興味を持ち、学んでみてください。

第 7 章

株式ディーラーの
メンタルコントロール

Practical Textbook for Stock Traders

SECTION 7-1

短期になるほど
メンタルコントロールはむずかしい

　ポジションをとるということは、リスクをとるということです。そして、リスクをとりにいくとき、人間の心理には期待と不安のせめぎ合いが起こります。相場は「欲望と恐怖のゲーム」といわれますが、まさにそのとおりです。

　そして、トレードの時間軸が短くなるほど、この難易度は上がっていきます。瞬間的な判断・決断を、何度も求められるので、冷静に相場を見る余裕がありません。スイングトレードや中長期投資になると、トレードを振り返る余裕がありますが、超短期売買は時間的な余裕がないまま、その時々の判断・決断を強いられることになります。

　したがって、取引の時間軸が短くなればなるほど、メンタルコントロールの術が求められ、トレードの時間軸が長くなるほど、メンタルコントロールよりも分析力が求められるようになります。まずは大前提としてこのことを理解しておいてください。

　では、どのように対応すれば適切なメンタルコントロール

を実現できるのでしょうか。

　そのためには、「感情や主観に惑わされることなく、客観的にマーケットと向き合うこと」が必要です。

　客観的にマーケットと向き合うために、もっともいい方法は、あらかじめ、「どれぐらい上がるのか」すなわちリターン、プロフィットテイクをまず明確にし、「どこまで下がる可能性があるのか」すなわちリスクの最大値を自分なりに考えて明確にしておくことです。

　自分自身で利益確定、損切りのポイントをあらかじめ想定したうえで相場に臨んでいる投資家であれば、株価が多少、乱高下するなかでも冷静に対処できるはずです。

　一方、そういうシナリオをまったく持たず、たんに「上がりそうだから」というだけで買いに入った投資家は、上げの局面では浮かれ、下げの局面では不安に駆られます。

　したがって、「ポジションを持っていないときに、リターンとリスクをしっかり整理しておくこと」がメンタルコントロールにはいちばん効くということです。

　人間がいちばん冷静、かつ客観的に相場を判断できるのは、ポジションを持っていないときです。そのときに、この株はどこまで値上がりする可能性があるのか、逆にどこまで値下がりするリスクがあるのかを考えたうえで、ターゲット・プライスとロスカット・ラインを決めてからポジションを持つ。あとは客観的に株価の値動きを見つつ必要な対応を行なうだけです。

SECTION 7-2

怖さと向き合いながら努力する

　「怖い」という感情は、危険がたっぷりある相場という世界のなかではとても大切なものです。怖さを知らない、あるいは怖さから目を背けることは、長く相場の世界を生き抜き、勝ち抜きたいのであれば、決していいことではありません。臆病なぐらいでちょうどいいのかもしれません。たしかに、怖くて手が出せないとか、ビビッてばかりでは話になりませんが、怖さを知っているから、それを克服するための努力、研究を懸命にできるし、怖さを感じられるから、危険を察知することもできるのです。

　怖さを感じられない人や、直視できない人は、危険な相場の張り方をします。それは会社や投資家から許されたリスクのとり方ではないはずです。個人投資家であれば、自己責任の範囲でやればいいともいえますが、その結果、マーケットから退場することになってしまえば、本意ではないはずです。

　私も実際に、怖くて手が震えたり、眠れない夜があったり、悔しくて部屋にこもって大声で叫んだりしたことがあります。

一度だけですが、損失の金額に気持ち悪くなり、トイレに駆け込んで吐いたこともあります。

しかし、決して弱いディーラーではなかったと思います。周囲の後輩たちからは、「なんでそんな金額損しても耐えられるんですか？」と聞かれることもよくありました。

それは怖さと向き合う勇気を得るために、水面下で必死に努力し、苦しい経験を乗り越えてきたからできたのだと思います。怖さを知らないことは蛮勇、怖さから目を背けることは現実逃避です。そうではなく、怖さと向き合い、怖さを知り、それを乗り越えるための努力をし、そして一歩ずつ強くなることが大切です（具体的にどういうことをしたらよいのかについては、SECTION 7-4以降で解説していきます）。

SECTION 7-3

いったん相場から離れることも大切

　私が「一生忘れられない1日」として記憶している経験談をお話ししましょう。2003年12月13日のことを覚えている人はいるでしょうか。この日は、米国への同時多発テロを引き金に行なわれたイラク戦争でバグダードが陥落した後、逃亡していたサッダーム・フセイン元イラク大統領が、米軍の「赤い夜明け作戦」によって逮捕された日です。

　当時、私は一介の株式ディーラーでした。その年、私は非常に好調で、10月までの勢いであれば年間での過去最高益を更新できそうな勢いでした。4月から10月までの利益はすでに3億円を超えており、まさにイケイケといった状態でした。しかし、11月あたりから様子がおかしくなります。歯車がかみ合わなくなり、取ったり取られたりを繰り返し始めました。損益のブレの大きさの割には利益が残らない。その歪みは12月に入りさらに悪化していきました。「おかしい」と感じながらも自分を抑制できず、大きな金額で安易なポジション・テイクをしてしまいました。結果、数百万円の損失

が生じたのですが、このくらいは何とかなるという気持ちもあり、そのままトレードを続けていました。

　ところが、数百万円を取り戻すどころか、損失額はどんどん膨らみ、ついには1800万円を超えてきました。こんなに連敗する経験がなかったので、当然ですが焦ります。この損失を何とか挽回しなければならない。そう思ったときに、フセイン元大統領捕縛のニュースが流れてきました。大チャンスと思った私は、すかさず銀行株と日経225先物をフルロングにするというポジションをとりました。フセイン元大統領の逮捕によって中東情勢が安定し、株価の上昇につながるというシナリオで、劣勢を挽回しようとしたのです。

　ポジションをとってすぐに大きな評価益が得られました。ただ、1800万円の損失を全額、取り戻すところまではいかなかったため、オーバーナイトでポジションを持ち越すことにしました。それもフルポジションの状態でです。欧米の株式市場が、東京市場に追随して上昇し、さらに翌営業日の東京市場でも、さらに株価が上昇することを期待しての行動ですが、ここに大きな落とし穴がありました。

　フセイン元大統領逮捕のニュースが日本時間に流れて日経225が上昇したということは、欧米市場の株価がさらに大幅に上昇しなければ、日経225の水準が正当化されません。

　その夜、ニューヨーク市場が開くのを、ドキドキしながら見ていたのですが、寄付きからニューヨーク・ダウは強気で、100ドル以上も上昇していました。

「勝った」と思いました。

しかし、ニューヨーク・ダウが100ドル値上がりした程度では、日経225の上昇を正当化できなかったのです。ちなみに、逮捕劇があった12月13日は日本時間の土曜日だったので、マーケットはありませんでしたが、15日の月曜日の日経225は、前週末比で321円高でした。この321円高を正当化するためには、ニューヨーク・ダウの100ドル高ではダメだったのです。

しかも朝、目が覚めてみると、ニューヨーク・ダウは100ドル高を維持しているどころか、逆にマイナスになっていました。「やってしまった」と、目の前が暗くなりました。そこから電車に乗って会社に出社するまでの気分は、何か刑の執行を待つようなものでした。

寄付き段階で、とりあえず持っているポジションの半分を処分しようとして銀行株と日経225先物の売り注文を出したのですが、みな考えることは同じで、多くの市場参加者が持っているポジションを投げてきました。とくに銀行株は当時、短期筋が付いていて相場も沸いていましたから、彼らの投げ売りも派手で、すべて売り気配のまま寄り付かない状態が続きました。そうこうしているうちに日経225先物が寄り付いたので、値下がりを見込んで売りポジションをつくり、損失の穴埋めをしようとしたのですが、銀行株が寄り付いて損切りできた途端、今度は日経225先物が一気に100円近くも値上がりしたため、日経225先物でもさらに傷口を広げてしま

い、最終的にこの時点で3400万円の損失になりました。

　当時、私に許されていた月間損失限度額は4000万円でしたが、このような状態では損失を挽回するのは不可能だと考え、上司にお詫びをして、いったん、ポジションをフラットにしました。そして、いつからトレードを再開するかは、すべて私自身の判断に任せてもらうことにしました。ポジションを持たない状態で、自分のトレードのどこに問題があったのかを、冷静に見極めるためです。

　トレードで大きな損失を出すと、とにかく損失を取り返したくて仕方がない気持ちになります。これは、株式ディーラーとして会社の資金を運用している立場でも、個人投資家として自分のお金を運用している立場でも同じだと思います。この気持ちが焦りにつながり、悪手を指してしまうのです。

　とにかく、いまの自分がまずい状況にあると思ったら、いったん、相場から離れることです。損失を確定させ、その状態で市場から離れることはものすごく辛いことだけれど、ポジションをフラットにすることで、とりあえず冷静さを取り戻すことができます。

　私の場合、相場から離れて自分がとったポジションを見直すことによって、何が悪かったのかを冷静に見つめることができました。

　このとき具体的に私がしたことは、歯車が狂い始めた11月以降のポジションを、一つずつチェックする作業です。その結果、10月までの好調さが招いた慢心、そこから狂い始

めた歯車、そして焦り、といったものが見えてきました。

　なぜそれがわかったかといえば、普段の自分だったら、「ここはもう少し慎重に見極めるだろう」というところで安易にリスクをとりにいっていたからです。

　慢心した結果として、負けがかさみ、それを取り戻そうとしているうちに焦りが生じ、チャンスでもない局面がチャンスに見えてくるという悪循環に陥っていました。色眼鏡をかけてマーケットを見ているから、つい手が出てしまうのです。言い方を変えると、マーケットとその値動きにトレードさせられて、手数ばかりが増えていくわけですが、客観的な判断に基づいてポジションをとっていないので、勝率は下がる一方です。さらにこれまで積み上げた収益があるからと、ポジション量のコントロールも完全に失っていました。自信のあるなしに関係なく、常に大きな金額を振り回していた自分がいたのです。

　損失を取り返したいというのは、あくまでも自分の都合です。トレードは、自分の都合で行なった時点で負けます。フセイン元大統領の捕縛で銀行株と日経225先物を全力買いし、そのまま過剰なリスクをオーバーナイトしたのは、少しでも早く損失を取り戻したいという自分の都合や焦りからの判断なので、負けるのは当たり前だったと、いまならわかります。

　メンタルコントロールがうまくいかないと、そのような泥沼にはまってしまうリスクが、個人投資家でもプロの株式ディーラーでも同じようにあるのです。

SECTION 7-4

メンタルは鍛えることができる

　どんなに真面目で、どんなに頭がいい人でも、メンタルコントロールがうまくない人は超短期売買はやらないほうがいいと思います。ほかにも、間違いを認められない人、プライドが高い人、熱くなりやすい人も、超短期売買には向いていないように思います。

　超短期売買は、勝ち負けが完全に運任せのギャンブルとはまったく異なりますが、やはり投機的でギャンブル的な要素はあります。カーッとなったときに、冷静さを取り戻すだけの時間的余裕もないまま、短期売買を繰り返して大損をしてしまうリスクがあるのです。

　一方、取引の時間軸が長くなるほど、メンタルコントロールはしやすくなります。たとえその日の場中には損が増えてハラハラドキドキ、イライラしたとしても、引け後に、自分のポジションをチェックし直して、何でそうなったのかと客観的に分析し直す時間があるため、自分のメンタルを立て直しやすいのです。

私の部下には現在、50名弱の株式ディーラーがいますが、メンタルの強さや取引手法はさまざまです。メンタルコントロールが苦手な人でも、取引の時間軸が長めのストラテジーを用いるなどして活躍しています。マーケットというのは、非常に幅広いところで、そこで稼ぐ方法も一つではありませんから、自分の強み、弱みをきちんと把握したうえで、自分に合った戦い方を見つけ出すのが、この世界で成功するための秘訣です。

　逆に、株式ディーラーとして潜在的には高い能力を持っている人でも、自分に合わない戦い方でトレードを続けていると、いつまでたっても勝てない、ということになります。この、「自分に合う戦い方」を見つけるうえで、最初のリトマス試験紙になるのが、メンタルコントロールであるといえます。

　メンタルコントロールが苦手で、目まぐるしく状況が変化すると、それに振り回されて我を見失ってしまうという人は、最も短い時間軸でもスイングトレードあたりまでにして、日計りは選ばないほうが賢明でしょう。

　このように話を進めてくると、読者のみなさんのなかには、「メンタルが強いか弱いかは生まれつきのものだから、頑張っても改善することはできない」と考える人もいるかもしれません。

　しかし、私はメンタルの強さが、必ずしも先天的なものだとは思っていません。なかには先天的にメンタルの強さが備

わっている人もいると思いますが、自分の努力で鍛えることもできると考えています。

なぜなら、何を隠そう、私自身がそういう経験をしてきたからです。

私の子供時代を振り返ると、勉強もスポーツもとくに何かずば抜けて優れているというところはなくて、全体が平均的な水準でした。良くもなければ、悪くもないという程度で、クラスでも目立つ存在ではなかったのです。そんな子供でしたから、メンタルが誰よりも強いはずがなく、自分に対して自信すら持てませんでした。

それがあるとき、自分が変わるきっかけに出会えたのです。それは自転車のロードレースでした。レースである以上、勝たなければ意味がありません。一所懸命に練習しました。大会にもたくさん出場しました。もちろん、最初は勝てません。しかし、悔しいから練習を積み、何度となく大会に出場し、それでも勝てないから練習をする……、ということを繰り返しているうちに、ついにある大会で優勝できたのです。

この「勝つ経験」をしたことによって、自分の可能性を信じられるようになりました。こんな自分でも努力すれば結果を出せる。そんなふうに自信を持てるようになったのです。

「自信」とはうぬぼれや根拠のないものではありません。「自分はきっとこうなれるはずだ」という、自分の未来の理想像を信じて、自分の可能性を試すために勉強をしたり、身体を鍛えたりする努力という裏付けを持つことで養われるの

が自信というものだと思います。「自分を信じる」と書いて「自信」なのです。

　この自信が、私にとってメンタルを鍛えるきっかけになったのです。自信をつけることは後天的に努力することによって可能ですから、メンタルの強さも後天的なものであり、人は誰でも何かきっかけさえあれば、メンタルを強くすることはできると私は考えているのです。

　ところで、ここでいうメンタルの強さは、「何も感じない」という意味ではありません。1日に1000万円、2000万円という多額の損失を出しているのに何も感じない人は、メンタルが強いのではなく、生きていくうえで必要な危機回避本能自体が失われているわけで、それはそれで問題です。

　たとえば、私が最大級のポジションを張っていたころには、株価の変動によって、数千万円単位の損益のブレが生じることもひんぱんにありました。そうしたとき、「そんなに損しているのに、どうして平気な顔をしていられるのですか」と言われたものです。しかし、決して平気なわけではありませんでした。

　ただ、それまでの経験から、自分の弱さに向き合う方法を学んできましたし、たしかに大きな損失を被ってはいるけれども、多少時間をかければ十分にリカバリーできるはずだという、自分の力を信じる気持ちがあったのです。その結果、たしかに大変な状況にはあるけれども、何とかなるはずだと思うことができ、落ち着いていられたのです。そしてあのと

きの忘れられない損失も取り返すことができました。その経験がまた自分を強くしてくれたのです。

　損失を抱えているような状況で、私は常に自分に対して語りかけていた言葉があります。それは、「この損失は必ずとり返せる。ただし焦ってはいけない。とり返したいという気持ちが強過ぎると、トレードは失敗するぞ」というものでした。自分自身をコントロールすること。このメンタルコントロールこそ相場と向き合ううえでとても大切にしてきたことなのです。

　この言葉を具体化した、メンタルを安定させるための7つのポイントについて、次項から解説していきます。

SECTION 7-5

〔ポイント①〕
一度負けたら相場と距離を置く

　短期トレードは視野狭窄に陥りがちです。ごく短い時間のなかで判断し、決断を下すということを何度も何度も繰り返していると、やがて自分が売買している特定銘柄の株価動向と板情報しか目に入らなくなってきます。本来、株価は経済、政治、社会情勢など、さまざまなニュースを反映して動いているはずなのですが、超短期売買を繰り返しているうちに、周辺情報に対する関心が薄れ、株価と板情報しか追わなくなってしまうのです。

　株式市場でトレードをして稼ごうと考えているのであれば、視野狭窄に陥ることを避けなければなりません。

　「私は中小型銘柄しか取引しないので、マーケット全体がどう動くのかには興味がない」という人もいます。しかし、個別銘柄の値動きは、「マーケット」という非常に大きな全体の値動きから多少なりとも影響を受けています。

　また、国内外の株式市場以外にも、国内外の債券市場、外国為替市場、コモディティ市場、不動産市場、あるいは最近

話題の仮想通貨市場というように、特定の資産クラスを売買するための個別マーケットがありますが、それぞれのマーケットはそれぞれがお互いの値動きに影響を及ぼし合っています。円高になると日本株は値下がりし、円安になると日本株は値上がりするというのは、その典型的な事例です。

　最近であれば、ビットコインなどの仮想通貨市場が大きく崩れると、日本の新興市場の株価が大きく崩れるかもしれません。現在、仮想通貨市場に群がっている投資家は、大半が個人です。しかも、世界中における仮想通貨取引の約4割は、日本の個人投資家ともいわれています。このようなマーケット構造のなかで、仮に仮想通貨バブルが崩壊し、取引価格が大暴落したら、個人投資家の多くは自分のポジションを縮小するでしょう。

　日経225は上昇しているけれども、新興株市場は伸び悩むということがあるかもしれません。なぜなら、東証1部市場の売買シェアに占める外国人投資家の割合が7割近いのに対し、東証マザーズやジャスダックなど新興株市場は、個人投資家が6割を占めているからです。

　このように、異なるマーケット、異なる銘柄であったとしても、さまざまな形でお互いに影響し合っているのがマーケットなのです。したがって、個別銘柄への投資で勝負をする場合にも、こうした幅広いマーケットの関連性、構造を頭に入れておく必要があります。

　視野狭窄に陥らないようにするためには、意識して相場か

ら距離を置くように対応することが大切です。

　私の場合、日計りなどの超短期売買をしているときには、1回のトレードで負けたら、その時点でトレードする手を止めるようにしていました。「間合いを計る」とでもいうのでしょうか、いったん綺麗さっぱり損切りをして、ポジションを持たずにマーケットを様子見するのです。そうすることによって、ごく短い時間ではありますが、冷静さを取り戻せるようにしたのです。

SECTION 7-6

〔ポイント②〕
トレード・ポジションを客観的に分析する

　私が株式ディーラーとして駆け出しだったころ、よくやっていたのが、すべてのトレードについて、コメントを書くという作業です。1日のトレードの収支ではなくて、1日のなかで自分が行なったトレード1回、1回のすべてが対象です。日計りだと1日で数十回のトレードを行なうこともありますが、ティックチャートを見直しながら、2〜3時間かけて毎日、反省作業をしていました。

　実際に自分のトレードを振り返ると一目瞭然ですが、1日のなかで行なったトレードのすべてがうまくいくなどということは、1年のあいだに1回あるかないかという程度です。「この局面は、もっと利益を伸ばせた」、「これは出さなくてもいい損失だった」というものが、必ずあります。それを場中に振り返るのは不可能ですから、場が引けた後に自分自身がいちばん冷静かつ客観的に振り返れる状態で行なっていたのです。

　つまらない判断ミスで大きな損を出してしまい、記憶から

消し去りたい失敗もたくさんあります。しかし、忘れてしまいたい失敗だからこそ、後からきちんと検証する意義があるのです。

　この作業を毎日繰り返すと、トレードの失敗は少しずつでも減らせるはずです。後からそのノートに目を通すことによって、よりたしかな経験値として、自分のなかに蓄積することができます。それは気が遠くなるような地道な作業かもしれません。でもそれを私は5年以上続けていました。そういった地道な積み重ねや経験値を積み上げていくプロセスが自信につながり、厳しい相場環境に直面したときでも、冷静さを保てるようになるのです。

　これは中長期でのポジション取引においても、その分析アプローチは違っていても同じことです。ポートフォリオとしての、自分のポジションを客観的に分析し、一つ一つのポジションにのめり込み過ぎず、熱くなり過ぎないようにするためにも、客観的な自己分析を行なうプロセスはとても大切なことなのです。

SECTION 7-7

〔ポイント③〕
非合理的な行動をとらない

　ある銘柄で大きな損失を被ると、多くの投資家は、「必ずこの損失を取り返してやる」と考えます。

　それ自体は、誰もが考えることですから、とくに否定するつもりはありません。しかし、不思議なのは、なぜか自分がやられた銘柄で、その損失を取り戻そうと考える人が多いことです。これも人間の心理だと思うのですが、損失を被ると、何となく自分自身が否定された気がするのでしょう。だから悔しいという思いが沸き起こってきて、その銘柄で取り戻そうという気持ちになるのだと思います。

　しかし、これほど非合理的な考え方はありません。

　なぜ損をしたのかというと、投資した銘柄の値動きを読み誤ったからです。もちろん、読み誤った理由がわかっていて、そのうえで同じ銘柄をトレードするならいいのですが、多くの人はその理由がわからず、ただたんに「同じ銘柄で損をとり戻したい」という自分の都合で、同じ銘柄に手を出してしまうのです。

これは合理的ではないし、トレードの手法として間違っているといわざるを得ません。
　同じように、非合理的な判断がトレードに悪影響を及ぼすケースはほかにもあります。
　たとえば、非常に良いと思える銘柄が見つかったとしましょう。しばらく様子を見ていたら、案の定、株価が徐々に上がってきました。ここで買えればいいのですが、多くの投資家は買えません。「株価が上がる前に買っておけば良かった」と考えて、悩み始めます。
　「ここで買うべきか。しかし、株価は自分が目をつけたときに比べてかなり上がってきている。どこかで押し目をつくったときに買えばいいのではないか」
　そう考えているうちに、株価は押し目らしい押し目をつくることなく、さらに上昇していきました。こうなると、損をした気分になりイライラし始めます。最後の最後に「えいやっ！」とばかりに買いにいくのですが、往々にして、ここが天井だったりします。
　これも、極めて非合理的な行為です。「この銘柄はいける」と思った時点で買う、あるいは値上がりし始めたのを確認したらすぐに買えば良かったのに、そこでは買うことができずに、なぜか株価がもっと高くなったところで（結果的に天井近くで）買う決断を下すのですから、感情でポジションをとらされる典型的なパターンです。客観的にみれば、これほど合理的ではない行動はありません。

この場合、少なくとも最後まで買わなければ損をすることもないわけです。買わなかったことで儲けそこなったのは事実ですが、実際に損失が生じたわけではありません。同じような場面に遭遇したら、それを自分に言い聞かせて、「儲けそこねた」という気持ちで非合理的な行動をすることを抑えるようにしてください。相場は逃げないので、必ずどこかに別のチャンスが隠れています。
　こういったトレードをし始めた時点で、あなたはすでに冷静さを失っているかもしれません。そういったときこそ、〈ポイント①〉で示したように、相場といったん距離を置いたほうがいいのかもしれません。

SECTION 7-8

〔ポイント④〕
トレードの「根拠」を見失わない

　エントリーしたときの根拠が必ずあるはずです。しかし、ポジションを持っていると、自分のなかにさまざまな感情が沸き起こり、そしていつの間にか、その根拠を見失ってしまうことがあります。そんなときはエントリーの根拠とまったく違う理由でエグジットしてしまったりしがちです。

　冷静になって客観的に振り返ってみると、いったい何をやりたかったのかが、自分自身でもよくわからない取引内容がそこに記録されているはずです。

　エントリーとエグジットの根拠に一貫性があるかどうか。これは相場という大海のなかで、自分を見失わないためにも、とても重要なことです。

　当初、見込んでいたとおりに株価は上がっているのに、まったく違う根拠で、途中でエグジットしてしまった。これは自分を見失っていく一つのきっかけになりえます。そこで「失敗した」「もったいないことをしてしまった」という焦りが生まれ、次のトレードに影響を与えてしまうことがありま

す。とくに短期トレードであればあるほど、ここを疎かにしてしまいがちなので、意識して気をつけるようにしてください。

　短期トレードに比べると、中長期投資は状況を客観的に分析する時間的な余裕があります。

　つまり、中長期投資におけるメンタルの状態は、相場が引けた後の冷静でいられる時間帯の分析によって、ある程度コントロールしうるものだと思います。ミクロからマクロまで、さまざまな情報を集め、それを分析しているうちに、徐々に冷静さが戻ってきます。中長期投資はメンタルをコントロールするのに必要な時間的猶予がある分、短期トレードよりも対応しやすいのです。

　たとえば、中長期投資で、自分が考えているシナリオとは逆の方向に株価が動き、評価損が大きく膨らむことはあります。中長期投資の株式ディーラーは、ファンダメンタルズがこうで、決算内容はこうだから、業績変化率はこうなるというシナリオを描いたうえで、将来の株価を予測しますが、あくまでも予測ですから、はずれることもあります。そのとき大事なのは、なぜ予測と異なる株価になったのかの理由がわかっているかどうかです。

　株価は、ファンダメンタルズや業績見通しだけを反映して動いているのではなく、そこには需給動向もあれば、M&Aなどのイベントによって株価が大きく跳ね上がるといったことも含め、さまざまな要因が複雑に絡み合っています。

こうした要因が見えていれば、シナリオを修正するだけで済みます。シナリオを修正したうえで、それでもまだ保有し続けたほうが良いと判断できるなら、ロスカットせずに、そのままポジションを持ち続ければいいでしょう。いずれ株価は元の軌道に戻り、損失が回復することも十分に考えられます。

　しかし、時にはまったく理由がわからないまま、株価が自分の想定しているのとは逆方向に進んでしまい、評価損が膨らむケースがあります。

　こういうときはむずかしい対応を迫られます。株価が逆方向に進んでいる理由がわからなければ、対処の仕方がわかりませんし、そもそも中長期投資ですから、一度ポジションをフラットにする、という対応も簡単にはできません。自分のシナリオからはずれているのに、その理由がわからない場合には、当然どこでロスカットすればいいのかもわかりません。いくら比較的メンタルコントロールをしやすい中長期投資といえども、こういったときはイライラが止まらない状態になるでしょう。

　したがって、中長期投資では、「運用の仕方」を工夫して、こういう状態が起きたときに致命傷にならないようにしておくことが大切です。そのような運用の仕方とは、ポートフォリオを分散させて、リスクを偏らせないことです。そうすることにより、メンタルコントロールができなくなるような状態に陥りづらくすることはできるはずです。

SECTION 7-9

〔ポイント⑤〕
観察者になれるのが理想

　短期であれ中長期であれ、メンタルを安定させるためには、しっかりとした根拠を持ってポジションをとることが大事です。そのうえで、あらかじめターゲット・プライスとロスカット・ラインを決めておきます。そのほうが精神的には楽ですし、必要以上にメンタルがブレずに済みます。

　私の場合は、エントリーするときには事前にターゲット・プライスとロスカット・ラインを決めており、たとえ超短期トレードでも、板を見て注文を出すことは、ほとんどありませんでした。

　たとえば、株価が1000円になったら利益確定させようと考えていたのに、板を見るとかなり買いが優勢で、このままだとどうやら1000円を超えていきそうだとなれば、おそらく大半の投資家は、ターゲット・プライスを1100円、あるいは1200円というように引き上げるでしょう。そして、実際の株価も1050円、1100円というように、さらに上昇したことから、1100円に上げたターゲット・プライスを1200円

に修正したとします。

　ところが、あともう一歩というところで、株価は下げ始めて、現在の株価は900円です。買値が700円だとしたら、1株あたりの評価益は200円になるので、持ち株を全部売却すれば、とりあえず利益は得られる状況です。

　しかし、いくら200円の利益が得られるといっても、一度、1100円の高値を見た投資家の大半は、900円で売却したりはしません。「もう少し保有し続ければ、再び株価は1100円に戻り、あわよくば1200円、1300円と値上がりする可能性もある」と、自分にとって都合のいい考え方をして、ポジションを持ち続けようとします。いわゆる「高値覚え」というやつです。一度見た高値より下で売ると損をしたような気持ちになるのです。ポイント③と共通する、損をしてもいないのに損をしたような気持ちで非合理的な行動をとってしまう例です。

　そして現実には、往々にして、そのような都合のいい展開にはなりません。株価は900円からさらに下がり、下げを見た買い手が引っ込んでしまいます。そして高値を買った市場参加者がパニックに陥り投げてきます。そうなると、場合によっては売るに売れない状態になってしまったりします。

　十分な根拠があるなら別ですが、値動きによってコロコロとターゲット・プライスを変えた挙句、高値覚えで損した気分になり、利を損にしてしまう。典型的な悪いトレードです。

　そうならないためにも、利益確定にしても損切りにしても、

基本的にはエントリーの段階で水準を決めておき、あとは粛々と実行に移していくだけ、というのが理想なのです。

　私の場合、エントリーしたらすぐ、あらかじめ決めてあったターゲット・プライスに指値を入れていました。一方、損切りに関しては、株価が下げてロスカット・ラインにタッチしたときに、一気に全額を売却するようにしていました。

　したがって、発注し終わったら、あとはじっと腕を組んで、自分のポジションの状況を観察し続けるだけです。そして相場との距離を保ちながら、相場が想定どおりに動いているか、違和感はないか見守ります。まさに観察者です。このように、一観察者の立場に立てば、冷静かつ客観的にマーケットや自分のポジションを見ることができ、大きな失敗をしなくなるのです。

SECTION 7-10

〔ポイント⑥〕
自分はただの凡人であると自覚する

　自分の場合は、トレードの振り返りを習慣的に続けているうちに、トレードをしている自分とは別のところに、もう一人の自分がいて、調子に乗ったトレードをしていると、「お前、ちょっと休んだほうがいいかもよ」と警告を発してくれるようになったように感じています。

　トレードの振り返りは地道な作業ですが、これをひたすら繰り返すことによって、自分を客観視し、自分の慢心に気づけるようになっていったのかもしれません。

　自分の慢心に気づかない人は、「マーケットが間違っている」、「こんな銘柄を教えたヤツがいけない」などと、自分の間違いを自分のこととして受け止めません。そういう人は、こういう世界では勝負しないほうがいいでしょう。

　世の中には天才肌の株式ディーラーもいます。とくに努力をしているわけでもないのに、感覚で行なっているトレードがきちんと結果を出していて、メンタルコントロールも完璧という人物がいるのです。

しかし、大半の人はそうではありません。少しトレードがうまくいっているからといって、自分のことを過信していると、まず失敗します。ヘッジファンドの帝王であるジョージ・ソロスや、オマハの賢人といわれるウォーレン・バフェットのような、投資の世界の第一人者たちでさえも、「自分は常に間違いを犯す」ことを認めているわけです。ですから、凡人であるわれわれが間違いを犯すことはある意味当然といっていいことなのです。

　私ももちろんそうです。それを自覚しているので、自分のブログのタイトルは「しがないディーラーのブログ」としています。

　相場の世界はあまりにも大きく複雑で、それに比べれば自分など小さな存在です。だから間違えてもいいのです。大事なことは、間違えたとしても致命傷を負わないことです。

　そのためには、できない自分を、自分自身で受け入れることです。「自分は凡人であり、間違えることがある」と理解していれば、判断ミスをしたときに、意地になって損切りしなかったり、無茶なナンピンをしたりなど、傲慢で非合理的な行動をとらずに済むはずです。

　自分自身の弱さを知り、間違いを謙虚に受けとめる。「間違えていいんだよ」と自分に言いきかせてあげてください。間違える自分がわかっているからこそ努力する。そしてその努力が相場の怖さと向き合う勇気になる。自分の弱さと向き合うことが本当の強さを身につける第一歩なのです。

Column
一つ一つのトレードを丁寧に

　メンタルをコントロールするうえで、気分転換は大事です。その方法がお酒を飲むというのもいいでしょう。

　ただ、気分転換のお酒はいいのですが、現実逃避のためのお酒はよくありません。「嫌なことは忘れてしまえ」というのは、落ち込んでいる人を元気づけるためによく使われる言葉ですが、相場に関してそれは通用しません。負けたときこそ、きちんと現実に向かい合わなければなりません。

　そして、この失敗を次回以降の糧にすればいいのです。

　どこで判断を誤ったのか、どうすればこのような失敗をせずに済んだのか、どうすれば、より大きなリターンが実現できたのか、といったうまくいかなかった自分自身と正面から向き合うことです。

　相場で受けた痛みを癒すには、結局のところ相場で稼ぐしかありません。ただし、一度に癒されようと考えるのは間違いです。それは「早く楽になりたい」「苦境から救われたい」という自分自身の願望からくる焦りです。誰もがそう考えがちですが、損失を一気に取り戻しにいくのは、丁半博打に手を出すのと同じです。

　損を取り戻したいというのは、あくまでも自分の都合です。

相場は自分の都合で動いてはくれません。

　では、どうすればいいのでしょうか。それは、小さくてもいいから、とにかく勝ちを積み上げていくことです。少額でもいいので勝ちを積み重ねることで、自分自身を立て直していく。とにかく今日1日の収益をプラスで終わらせること。1回1回のトレードの損益を、1円でもいいのでプラスにすること。追い込まれるほど大きな損失を出したということは、相場が見えていない自分がいるはずなのです。そんな状態で勝負を急げば大けがの元です。そんな苦しいときこそ一つ一つのトレードを丁寧に勝ちにつなげ、一歩ずつ本来の自分を取り戻していく。

　超短期売買は、一つ一つのトレードを積み重ねた結果が利益につながります。一つ一つのトレード、1日1日のトレードを大切にできない人は、結局はうまくいきません。どれだけ丁寧に積み上げていけるかが、重要なのです。

　取り戻さなければならない額が大きければ大きいほど、遠い先のゴールを見るのではなく、とりあえずいちばん近い給水所を目指すようにしましょう。ちなみに私は、大きな損失を抱えてしまったときは、月間の収益などはパソコンの画面に映らないようにしていました。それを見ると、あまりのゴールの遠さに心が折れてしまうからです。それでも気がつけば取り返せていたものです。

SECTION 7-11

〔ポイント⑦〕
大きくなるには時間がかかる

　私が新卒で証券会社のディーリングルームに配属され、新人ディーラーとしてポジションを持ったときの失敗は、いまも忘れられずにいます。

　たった1枚の日経225先物（当時はラージのみ）の取引でした。その当時はまだルーキーで、自分の直属の上司を通じて電話で注文を取り次いでもらっていました。実は前日の引け間際に、持っていた日経225先物1枚を投げようと思い、その上司に「売ってください」と言ったのですが、上司も自分のトレードに熱くなっていて、私のか細い声が聞こえなかったのです。結局、そのまま日経225先物1枚を買い持ちにしたまま、オーバーナイトすることになりました。

　そして翌日、ドル円が1ドル＝100円を割り込んだため、寄付きから日経225が500円以上下げ、私のロングポジションに50万円の損失が生じました。当時の私にとって、50万円の損失はあまりにも大きく、目の前が真っ暗になったことを覚えています。

そんなルーキーが、6486万円やられても、「まあ、何とかなるよ」と思えるくらいにまで、メンタルは強くなることができました。何度も何度も辛い思いや怖い思いをし、苦しい局面を乗り越えるために日々のトレードを振り返り、常に自分と向き合いながらトレードの工夫をし、ポジションをとり続け、その苦境を乗り越えることの繰り返しによって、ようやくたどり着いたわけです。
　だいたい、そうなるまでに10年の歳月がかかりました。
　プロの株式ディーラーも、個人のトレーダーも関係なく、メンタルを鍛えるには、さまざまな経験を積むための長い時間を必要とします。1年や2年でそのようなレベルにたどり着こうと思う必要はありません。
　本当の強さを得たいのであれば、焦らず相場と自分と向き合い続けることです。たしかに相場がいいときに勢いに乗れるときもあります。しかし、そういったときに簡単に稼げたことを自分の実力と勘違いすると、その後のむずかしい相場であっという間に消えていくような運用者にしかなれません。そんなに簡単に強くも大きくもなれはしません。リスクと向き合い、それをコントロールし、リターンを出し続ける。そのためには相場と向き合う力と自分と向き合う力が必要になります。一歩ずつ大きくなっていけばいいのです。
　いま若いディーラーを育てていても、その姿は昔の自分と同じようなものです。基礎がまったくできていない子にやらせると、だいたい毎月数十万円のヤラレをコンスタントに出

して、そこから少しずつ少しずつ、やられなくなります。

　崩れかけたときに１回引いて間合いをとるなど、少しずつ相場と自分自身との向き合い方を覚えていって、少しずつ数字がつくれていくようになっていく、失敗した自分を直視して自己分析をし、次のトレードに必ず活かす。こういう、泥臭い地道な積み重ねでしか、本当に強くなることはできません。

　個人投資家も同じでしょう。個人の場合、周りでチェックしてくれたり、止めてくれたりする人はいないので、自分自身でコントロールしながら、成長していかなければならない分、組織に所属しているディーラーよりもむずかしいところもあるでしょう。

　成功している個人投資家の運用資産額の推移を見ると、だいたい二次曲線のように増えているものです（額で見ると、ベースが増えるにしたがって、リターンは複利で増えるため）。一見、短期間ですぐに大きく稼いでいるように見えますが、そうではありません。

　「100万円を元手に、１年後に億にしたい」というのはあまりにも安易な発想といわざるをえません。そんな願望どおりにマーケットは動いてはくれません。そうではなくて、100万円を10％増やして110万円にする。次の年にはもう少し努力して、110万円を20％増やす。次の年にはさらに努力してパフォーマンスを上げる。こうして経験を積み重ねながら地に足をつけて取り組んでいけば、グラフは二次曲線で増えて

いくのです。

　決して丁半博打でなく、コントロールが効いた状態でそれを実現するためには、必要なことがたくさんあります。一足飛びに大きくなることはできませんが、きちんと続けていれば結果は出ますから、焦ることはありません。100万円を1年で1億円にするというリターンをとりにいく人は、1年で1億円の損を出すリスクをとっているのだということを自覚しておくべきでしょう。

　お金を稼ぎたいのも理解できます。早く大物といわれるようになりたいのも理解できます。しかし、その道は険しく、遠い道のりなのだということを知っておいてください。相場はさまざまな表情をみせます。そのなかで、戦い続け、さまざまな経験を乗り越えてこそ、本当の強さを身につけることができるのです。一足飛びに大きくなってしまうと、未体験の相場に直面したとき、思わぬ大きな損失を被ってしまうかもしれません。焦ることなく、一歩ずつ強くなっていってください。

SECTION 7-12

メンタルコントロールの
ポイントのまとめ

　ここまで解説してきたメンタルコントロールにおけるポイントやそのほかの留意点をまとめておきましょう。

〔ポイント①〕一度負けたら相場と距離を置く。

〔ポイント②〕トレード・ポジションを客観的に分析する。

〔ポイント③〕非合理的な行動をとらない。

〔ポイント④〕トレードの「根拠」を見失わないようにする。

〔ポイント⑤〕観察者になれるのが理想。

〔ポイント⑥〕自分はただの凡人であると自覚する。

〔ポイント⑦〕大きくなるには時間がかかる。

第 8 章

株式ディーラーの
マネーマネジメント

Practical Textbook for Stock Traders

SECTION 8-1

トレードのパフォーマンスを分析する

　マネーマネジメントの第一歩として自分自身のトレードを知ることが大切です。自分のトレード、そのパフォーマンス、特性を理解せずにマネジメントはできません。

　ヘッジファンドなどでも、自分のファンドがどういった運用をしていてどういった特性を持っているかを分析し、投資家に説明し、理解してもらったうえで投資をしてもらいます。

　それはディーラーであっても、個人であっても同じことです。まずは自分自身のトレードを知ることから始めましょう。

　私も、自分のトレードのパフォーマンス分析は行なってきました。といっても、短期売買を主にやっていた時期のものは、そんなに複雑で難解なものではありません。エクセルのような表計算ソフトを使うことができれば、誰でも簡単に集計できるようなことでした。

　具体的に、何をどう計算するかですが、まずすべてのトレードを集計し、その勝率を計算します。これは、51％あれば最低ラインはクリアです。60％から70％あれば十分で、80

％を超えれば最高です（といっても、80％超えはなかなかありませんが……）。

　勝率を計算したら、次は勝ったトレード、負けたトレード、それぞれのトレードについて、収益額と損失額の平均値を算出します。ここで大事なのは、「平均収益額が平均損失額を上回っている」ことです。逆に平均損失額が平均収益額を上回っている場合は、何かがおかしいのです。

　それに加えて、最大利益と最大損失のバランスをチェックします。

　以上の３つの指標が、短期トレードのパフォーマンス分析をするうえで継続的に確認していたことです。

　当然のことですが、勝率が51％以上で、平均収益額が平均損失額を超えていて、かつ最大利益が最大損失額を上回っていれば、絶対に利益が得られています。逆に、この３つの指標のうち何か一つが崩れていたら安定的に勝つことはむずかしいので、その原因を探すようにします。相場観がおかしい場合もあれば、メンタルコントロールがうまくいっていない場合もあります。

　この３つの指標から、トレードがうまくいかない原因を探るためのポイントは以下のとおりです。

・勝率が50％以下のときは相場の読みに問題があるか、無駄に手数を多く出し過ぎている

勝率は、勝ち負けの金額とは関係なく、単純に自分がとったポジションの方向に相場が動いたかどうかを示すものですから、その率が高ければ高いほど、自分がとったポジションのとおりに相場が動いたことになります。つまり、勝率が高ければ高いほど、相場の見通しが正しいことを示します。

　それが低いということは見通しがはずれることが多いことを示しており、相場と向き合うことができていないか、焦りなどから値動きに振り回されて無駄に手数を多く出し過ぎている可能性が高いといえます。プロセスのなかの「分析」がうまくできていないとき、軽視してしまっているときに起きやすい状況です。

・平均収益額に対して平均損失額が大きく、最大利益額に比べて最大損失額が大きい場合は、明らかにロスカットがうまくいっていないことを意味する

　これは利益を伸ばせず、大きな損失を被っているわけで、このようなトレードが頻発しているということは、ターゲット・プライスとロスカット・ラインの明確化ができていないことを意味し、メンタルコントロールがうまくいっていないために損大利小になってしまうのです。とくに最大損失額が極端に大きい場合は、完全に自分を見失い、意地になったりムキになってしまったりした結果であるはずです。負けを認める勇気が持てなかった自分と向き合う必要があります。

この3つの指標を日々、モニタリングするという簡単なことで、自分のトレードの好不調や問題点を見つけることができたりするものです。
　トレード日記はなかなか続けることができないという人でも、この3つの指標さえしっかり記録しておけば、それを時系列で見ることによって、どこで自分のトレードは不調だったのか、どこで好調だったのか、どこに問題点があったのかを検証できます。
　長期運用やロングショート、ストラテジーによる運用などであれば、また違う分析が必要になりますが、それについてはかなりややこしい話になってしまうのでここでは割愛しておきます。
　大切なことは自分自身の運用を客観的に分析し、その特性、問題点、リターンの源泉、リスクがとこにあるのかなどを把握するというプロセスにあります。

SECTION 8-2

お金の色を見極める

　「お金に色はない」などと言われますが、決してそのようなことはありません。運用の世界においては、お金には色があります。この色を見極めることから、運用のマネーマネジメントは始まります。

　では、運用におけるお金の色とは何でしょうか。

　それは、「どういう質のお金か」ということです。そのお金が求めるもの、期待されているリターン、許容されるリスクなど、運用するお金によって異なります。

　たとえば、第7章で「100万円までしか損失が許されないお金を、1〜2年間で1億円にする」という話を書きましたが、その運用は考え方からして、すでに破綻しています。

　もちろん、相場の話ですから、絶対に不可能とは言いません。たとえば100万円の資金を1〜2年で100倍の1億円にしようとしたら、100万円を証拠金として高レバレッジの取引やボラティリティの高い銘柄に投資し続け、元手がなくなるのが先か1億円にできるのが先かという賭けのようなことを

すれば、可能かもしれません。

　そのようなリスクのとり方が、運用といえるのかどうかです。また、丁半博打としかいいようがないやり方であるにもかかわらず、リスク許容度は100万円しかないのですから、いかにもミスマッチです（先に元手がなくなる可能性のほうが相当高いと思われます）。

　この例からもわかるように、運用をするにあたってまず大事なのは、自分に与えられているリスク許容度に対して、どの程度のリターンを狙うのかを、「合理的に考える」ことです。そこが見極められれば、ロスカットの水準も見えてくるし、その運用に適した運用ストラテジーも選べます。

　たとえば、私のような株式ディーラーは、所属している会社の自己資金を運用していますから、会社の都合によってお金の色が変わってきます。具体的にいうと、「これだけの運用枠を渡すので、月々の最大損失額はいくらまで」というように社内規定が設けられているのです。

　それに加えて、上司によってもお金の色が変わってきます。私の場合（現在はディーリング部長という立場なので）、基本的にディーラー達を信頼し、ロスカットのリミットに達しない限り、株式ディーラー各人の裁量に任せていますが、なかにはロスカット・リミットに達していないのに、損失額が膨らむと、いろいろと口を出してくる人もいました。元ディーラーである私からすれば、任せられたはずのルールのなかでリスクとリターンを考えているのに、そんな口を出されたのではたま

第8章　株式ディーラーのマネーマネジメント

ったものではないと感じてしまいます……。

　つまり、株式ディーラーとして運用に携わる場合は、会社から渡されている運用枠やロスカット・リミット、そして自分の上司がリスクに寛容かそうでないのかを把握し、それに自分の運用を合わせていかないと、仕事がうまくいかなくなりかねません。そこがディーラーの不自由なところでもあり、ブレーキがあるメリットでもあります。ただプロであるなら、与えられたルールの範囲内でリスクをコントロールしてこそです。

　ヘッジファンド運用担当者の場合は、目論見書に従い、自分たちに運用を委託してくれる投資家の意向をくんで運用する必要があります。年次できちんとリターンを稼ぐことが求められます。

　年金運用においても、非常に長期的なスパンで運用できると期待してしまいがちですが、実際は1年に1回、運用成績の開示を求められるため、1年きざみで運用計画を立案し、実行していかざるを得ないのです。

　投資信託はもっと大変です。不特定多数の個人がファンドの購入者であり、彼らがどういうパターンで資金の追加、解約を申し出てくるかが、予測しにくいからです。年金基金などの運用であれば、1年に1回の決算を区切りにして、運用成績が良ければ、さらに翌年も運用契約は継続されますし、運用成績が悪ければ、他の運用会社に契約が切り替えられることもありますが、少なくとも1年間は運用できるという区

切りが見えています。これが個人相手の投資信託になると、すべては個人の都合次第ですから、資金の流出入を計算しながらの運用をせざるを得ません。

では、個人投資家の場合はどうでしょうか。自分のお金ですから誰かに報告する必要もなく、最も自由に運用ができるのはたしかです。しかし、それはしっかりとした計画・管理があってはじめてその範囲で自由にすべきものなのです。

たとえば生活に必要な資金を株式投資に回すのは間違いです。どれだけ株価が安定した銘柄を選んだとしても、株式は常に値下がりリスクのある投資対象であることに変わりはありません。一方、生活費とは、毎月の食費、被服費、家賃、教育費、その他、日常生活を過ごすのに必要なお金ですから、それを値下がりリスクのある株式投資に回すのは間違っています。

家を買いたいと考え、頭金を少しでも早くつくろうとして、株式投資で増やそうというのも安易過ぎる考え方です。住宅購入の頭金は、もっと確実に増やせる金融商品で貯めていくべきでしょう。

そういう観点からいえば、個人が株式投資を行なう場合は、やはり、いわゆる余裕資金をあてるべきでしょう。余裕資金とは、純粋に金融資産としてストックしている分です。自分の老後に必要なお金を運用し、少しでも増やすといった場合であれば、長期投資という観点で、一定の範囲での株式投資は有効です。

いずれにしても、トレードを始める前に、一度、自分が運用しようと思っているお金が、どういう色のものなのかを整理することが大切です。ディーラーやファンド・マネジャーなど、他人の資金を運用する人の場合は、会社のルールや与えられたリスク許容度、それに対してどういったリターンを目指すべきなのかなどを把握すること、個人ならば生活や将来の設計のうえで、どこまでのリスクを許容し、どういったリターンを目指すのかを知ることです。運用の前提条件を知ることがマネー（リスク）マネジメントの第一歩になるのです。

SECTION 8-3

ポジションに強弱をつけた運用を心がける

　ボクシングの試合では、常に同じ調子で、全力でストレートばかり打っていたら、勝てません。きちんとガードを固めて、相手のパンチが当たらないようにかわしながら、ジャブを打つ。そしてチャンスを待ち、ここぞというタイミングで渾身のストレートを放つ。相手がうまい人であれば、よりしっかりとガードを固めて守るときも必要になる──。

　トレードも同様で、稼げる相場でリスクを大きくとる、しかし、稼げない相場、むずかしい相場では守りを固めて判定勝ちでもいいから勝たなければならないときもあります。毎回きれいにかっこよく、ノックダウンで勝たなければいけないわけではありません。楽な相場では、目いっぱい勝負にいってもいいでしょう。しかし、むずかしい相場のときに、同じ調子でやっていたらだいたい生き残れません。このように、状況に合わせて「ポジションの強弱をつける」ことは、ディーラーにとって大切なテクニックです。

　マーケットは常にトレンドが生じているわけではありませ

ん。明確なトレンドが出て、それが続いているときは、そのトレンドに乗ってポジションをとればいいので、比較的、自信を持ってトレードに臨めると思うのですが、揉み合い相場になると途端に見通しがむずかしくなり、自分がとっているポジションが、果たして正しいのかどうかわからなくなることがあります。

　あるいは銘柄分析の自信度合いにも違いがあります。分析結果に相当の自信が持てる場合もあれば、それほどでもない場合もあるでしょう。

　マーケットの見通しや銘柄分析に対して、持てる自信の度合いには違いがあるにもかかわらず、常にマックスでポジションを持ち続けるのは、効率的なやり方とはいえないのです。

　また、ボクシングでも同様ですが、カウンターパンチの威力は致命傷になりかねません。大勝ちや一発大逆転を狙ったトレードばかりをする人は、足元がおろそかになり、コントロールができないまま丁半博打的なトレードを繰り返し、1回や2回はうまくいくかもしれませんが、いつかはカウンターパンチを食らって、いずれマーケットから消えていきます。

　そうならないためにも、「ポジションに強弱をつける」ことを学ぶべきです。ポジション・コントロールです。

　ちなみに、自信の度合いに応じてポジションに「強弱をつける」ことが求められているのであり、「あまり自信がないときはポジションを持たない」ということではありません。

　「休むも相場」もときとして必要ですが、相場を張り続け

なければならないのであれば、メンタルを維持するという観点から、あまり自信がない場合でも、小さくてもいいからポジションは持っておくほうがいい場合もあります。たとえば、ポジションをとらなかったのに、株価が値上がりしてしまった場合です。

第7章で触れたように、このような状況に直面すると、「やっぱり買っておけば良かった」と後悔し、焦りから「いまからでも買ってみよう」と決断したときには天井だった、というような事態になることがあります。それならば、多少の迷いがあるときには、少額でもいいのでポジションを持っておいたほうがメンタルを維持できます。「休む」のであれば本当に相場から離れて休むぐらいハッキリしておいたほうがいいでしょう。

自信の有無によってポジションに強弱をつけるのと同様に、勝っているときと負けているときで、それぞれポジションに強弱をつけることも必要です。

儲かっているときはより積極的に、損失が生じているときは保守的に、ポジションをとるようにします。損益の状況によってリスク量を調整すること。損益(PL)コントロールです。これはマネーマネジメントの基本中の基本ですから、ぜひとも覚えておいてください。

いちばん危険なのは、損失が膨らめば膨らむほど、より大きなリスクをとって一発逆転を狙う人です。少しでも早く損失を取り戻したいという気持ちから、こういう行動に走るの

だと思いますが、こうした性向がある人は運用には向きません。

　負けたときは必ず理由があります。相場の見通しが間違っていた、あるいはエントリーのタイミングを間違えていたなど、さまざまな理由があるのです。このような間違えを犯したのに、どこが悪かったのかを検証しないまま、リベンジするために大きなポジションを持ったとしても、うまくいくはずがないのです。もし、たまたま相場に救われたとしてもいつかどこかで消えていくことになるでしょう。

　負けているときは、ポジションサイズを小さくして、極端にいえば、1日に1円でもいいので、小さな勝ちを積み重ねることです。そうすれば、いつかリズムが戻って再び勝てるようになり、損失を取り戻すことができます。

　第7章でも触れましたが、実際に私の経験したことを例に挙げてみましょう。かつて私が6486万円の損失を1か月で出したときには、当時、月間の損失リミットが7000万円だったのですが、そこにタッチする前に、自分でブレーキを踏みました。

　その後、一つ一つのトレードを丹念に検証し、トレードのプロセスを再構築したうえで、トレードのポジション量を6分の1くらいまで落としました。そして、自分なりに決めた目標額を設定し、たとえば500万円まで取り返したら、ポジション量を一段引き上げ、次の数値目標を1000万円にし、それもクリアできたら、さらにポジションを戻していき、次

は2000万円を目標にする、というように、段階的に収益目標を切り上げ、それに合わせて段階的にポジション量を戻していくということをしました。

　これをコツコツと行なっているうちに、翌月のトレードの成果は、満足のいくものになりました。6486万円の損失を取り戻すことができただけでなく、総額で1億2104万円の利益を出せたのです。そんな地道なやり方であっても、しっかりとリカバリーできるのです。

　一方、トレードで勝ち続けているときは、ポジションサイズを大きくしてもいいでしょう。基本的に、儲かっているときはどんどん攻めればいいと思います。そういうときに積極性を出していかないと、いつまで経っても大きなポジションをとることができず、リターンの最大化もできません。また、積極性を出すべきときに出せないと、運用者としての成長もありませんから。自分の場合は自身の力量の120％ぐらいを常に意識してトライしていました。

　この「積極性」が過大だと、思わぬ危険な状態に陥ることもありますから、注意が必要です。どんなに絶好調のトレードが続いていても、相場ですから、いつかは必ず逆風に見舞われます。そのときに過大なリスクをとっていると致命傷になりかねません。

　また1回、リズムが狂って「あっ、やられた」と思ったら、そこで手を止める勇気を持つことも大切です。そこで意地を張り、さらにポジションを積み上げるということをすると、

勝ち続けて積み上げてきた利益をすべてはき出してしまうことにもなりかねません。
　「リスクをとる」という行為は同じでも、儲かっているときのリスクのとり方と、負けているときのリスクのとり方は、違うはずです。そこをしっかりコントロールできれば、最終的に利益が残るようになるはずです。

SECTION 8-4
リスクとリターンのバランスを考える

　どのくらいのリスクを許容し、どのくらいのリターンを狙うのか。これについての目安をどう設定すればいいのでしょうか。

　多くの人は、ポジションをとるにあたって、最大損失額はいくらまでか、ということは設定します。誰しも損失は被りたくないからです。つまり、リスク許容度はある程度、明確にイメージを持っています。

　では、リターンはどうでしょうか。誰しも投資する以上、「このくらいは儲けたい」というイメージは持っていると思います。

　人間には欲望があります。儲かると、延々と欲望が湧き出てきて、最大損失額が月間100万円なのに、期待リターンは月間1000万円というように、バランスを欠いた利益目標を設定してしまいがちです。

　しかし、このようなリスクとリターンのバランスは、合理的ではありません。利益が1000万円に届く確率と、100万円

の損失が生じる確率と、どちらが高いのかといえば、100万円の損失を抱える確率のほうが、はるかに高くなります。ですから、このような利益目標を立てて投資すると、あっという間に100万円の最大損失額に達して、ジ・エンドとなってしまう確率が高くなります。100万円までのリスクしかとれない人は、1000万円のリターンを求めてはいけないのです。

では、100万円の最大損失額に対して、どの程度の利益なら目標として見込むのに合理的でしょうか。

これまでの私自身の経験で言うと、「狙うリターンは、リスク許容度の2倍程度」が最も合理的でした。つまり、最大損失額が月間100万円であれば、目標とするリターンは月間200万円です。ただし、これは取引手法＝運用ストラテジーやさまざまな条件（お金の色など）によって変わると思います。

2倍程度では面白くないと思う人がいるかもしれませんが、これが現実なのです。

しかし、月間200万円の利益を達成したら、次月はリスク許容度を150万円にして、目標とするリターンを300万円にするというように、達成した利益に伴ってリスク許容度を引き上げていけばやがては大きな利益を得ることもできるのです。

いずれは大きなお金を動かす株式ディーラーになりたいと思うのであれば、少しずつ運用額を増やしていくしかないのです。個人投資家も同じです。「億り人」になりたいのであれば、少しずつ積み重ねていくしかありません。

一発でとりにいこうとは思わないこと。その代わり、いけると思ったときはいくこと。この2つを意識しながら、コツコツと積み重ねていくことが大切です。簡単に「億り人」になれたときには、その裏に大きなリスクが潜んでいると思っておいたほうがいいでしょう。

　たとえば、私が駆け出しディーラーのころには、「月に1000万とれたら、ようやく一人前だぞ」といわれていました。1日50万円稼いで、20営業日毎日勝てば1000万円に届きます。しかし、現実的には勝率10割で毎日勝つなどといういことは無理でしょう。私は、「月1000万円を達成するためには1日100万円程度の損益のブレが許容できるまで成長するしかない。そのうえで勝率7割5分（15勝5敗）であれば1000万円に乗せることができる」と考えていました。

　とはいえ最初からそんなトレードはできないので、最初はもっと小さく始めて、そこからコツコツ利益を出して損失限度額を増やしてもらい、それに合わせてまたポジション量を増やしてもらって……ということを繰り返しました。そして月1000万円に届いたときに、「ようやくここにたどり着いたか」と思ったものです。それから、次は月に3000万、その次は5000万、その次は1億……という具合に、何年もの時間をかけて少しずつ大きくなっていったのです。

　そうやって気づいてみれば当初は50万円の損を出したら目の前が真っ暗になっていたものが、6486万円の損を出しても「何とかなる」と思えるようになりました。

結局、時間をかけて、焦らず、地に足を着け、リスクの性質を理解し、損失限度額に合わせてリスク量をコントロールし、結果を出し続けながら利益の目標額を引き上げていくということを積み重ねるしかないのです。リスク許容度に合わせた合理的な目標値をセッティングし、それに合わせてリスクをコントロールしたうえで、トレードにも強弱をつけていく。こうした取り組みさえしっかりできていれば、時間はかかるけれども、やがては望むような結果を出すことができるでしょう。

　またリスク量＝金額ではないことを理解しておいてください。たとえば、投資する銘柄が新興株の場合、流動性は低いし、株価のボラティリティは高くなります。こうした銘柄でポジションをとる場合は、より高いリターンが期待できるものの、リスクも大きくなるため、ポジション量（リスク量）は抑制しておく必要があります。ボラティリティの高い銘柄をトレードする際に、勝ったときのことばかりを考えて大きなポジション量（リスク量）をとる行為は危険と隣り合わせです。大型株に投資する1億円と新興株に投資する1億円ではそのリスクはまったく異なります。

　勝ったときの期待利益だけを考えて、安易に大きなリスクをとる人は「リスクをコントロールできている」とはいえません。間違えたときのリスクとどう向き合うかが大切なのです。

　また個人の場合は、その人の年齢や家族構成、ライフプラ

ンによっても、許容可能な最大損失額と目標リターンのバランスは変わってくると思います。ファイナンシャルプランナーに近い考え方になりますが、年齢が若いほど、とれるリスクの総量は大きくなりますし、家族構成で子供の数が多い人ほど将来、教育費などが多めにかかってくるので、とれるリスクの総量は小さくなります。

　リスクに対する考え方をしっかりと持つこと。これが相場の世界で長く生き残っていくためには不可欠なことです。

SECTION 8-5

すべてをとりにいこうと思わない

　誰もが大底で買い、天井で売りたいと思っています。しかし、それが現実にできる人はいませんし、できたとしても、それは宝くじのように「たまたま」にすぎません。また、買ったポジションは必ず全部いっぺんに利食わなければいけないものでもありません。

　たとえば、ターゲット・プライスが1500円と想定して、1300円でエントリーしたとしましょう。株数は1万株です。

　そして、現在の株価が1450円だとしたら、ここで持っているポジションの半分を売却して、利益を確定させます。5000株を売却したのですから、この時点で75万円の利益が得られたことになります。

　もし、1450円が目先、株価のピークで、そこから下がって買値の1300円になってしまったとしても、半分は1450円で利益確定できているので、ここで売却できれば、75万円の利益は残ります。もちろん、1万株を持ったまま、最後まで引っ張って利益確定させたほうが大きな利益が得られます

が、どこが「最後」かはその瞬間にはわかりません。

　自分がターゲット・プライスだと思っていても、そこに達する前に、株価が下落してしまうケースもあります。そして、買値と同値の1300円まで下落したとき、多くの人は「きっとまた上昇に転じるはず」と考えます。しかし、株価は非情なもので、さらに下がってしまうケースもあります。

　結局、1300円で売却できず、1150円まで下がってしまったとしましょう。1万株を保有したまま、1300円で買った株式が1150円まで値下がりしたら、150万円の損失になりますが、前出のように1450円のときに5000株を売却できていれば、75万円の利益が確定されているので、残り5000株を1150円で売却せざるを得ない状況になったとしても、ここで生じた損失は相殺されます。

　含み益というのは確定しているわけではありません。時々刻々と変わる株価によって、増えたり減ったりしますから、ポジションを持っている限り、株価の動向によって一喜一憂することを強いられます。

　株価が見通しどおりに上がれば上がるほど、期待も高まるでしょうが、潜在的な下落リスクも高まります。ポジションの一部でも売却して、利益を確定させれば、残っているポジションについても相場に対して優位な立場で戦いを続けることができます。ここで挙げた例は一つのやり方でしかありませんが、それはマネーマネジメントであるのと同時に、メンタルマネジメントでもあるのです。「利を損にしてはいけな

い」ということは忘れずにいてください。

　エグジットというのは、ピンポイントで狙わなければならないものではなく、分散させたほうがいい場合もあるのです。

　同じことはエントリーにも当てはまります。一度にまとまった資金を投入するのではなく、たとえば投資する資金を３等分にして、最初に打診買い、上がったら２回に分けてエントリーし、徐々にポジションの額を増やしていくのです。もし、打診買いをした時点で、すぐに株価が下がり始めたら、さっさと損切りしてもいいでしょう。そうすれば、この時点ではまだ３分の１の資金でしかエントリーしていませんから、損失額もそれだけ小さくなります。売買タイミングの分散というのも一つのテクニックです。

第 9 章

マーケットプレーヤーの変化とトレード手法の変遷

Practical Textbook for Stock Traders

SECTION 9-1

1990年代——
隙間（収益機会）に恵まれていた時代

　私が大学を卒業し、この世界に入ったのは1990年代前半のことでした。新卒でいきなり株式部先物オプション課に配属され、オプションを中心にディーラーをやるように命じられました。正直、パソコンも本格的には触ったことがなく、数学も英語も苦手な（要するに、勉強ができなかった）私にとっては「なんてこった！」というのが正直な気持ちでした。

　当時の上司は裁定取引のチームを立ち上げた方で、実力もあり、厳しくもあった反面、面倒見のいい方でもありました。配属されてすぐ、「いろんなものを見てこい」と債券部や場立ちなどを数週間ずつ研修として回らせられ、さまざまな経験を積むことができました。そんな社会人になって間もないころから、私が見てきた「ディーラー」について、本章でお話をしましょう。

　1990年代前半はまだコンピュータが普及し始めたばかりでした。Windowsのバージョンは3.1で、Excelもありましたが、Lotus1-2-3という表計算ソフトがまだ使われていた時代

です。世の中のおじさんたちは時代の変化に対応するのに四苦八苦しており、パソコン教室が流行っていました。そういう自分もパソコンにさほど詳しくはなかったので最初は大変でした。

　株式の取引は法人のお客様も、個人のお客様も、株式部を通じて、主に電話で取引をされていました。

　具体的に、どういう手順で売買注文が約定されていたのかを、簡単に説明します。

　当時の証券取引所には「場立ち」といって、証券取引所のフロア（立会場）を歩き回り、株式の注文を出す人がいました。お客様が営業担当者（もしくは法人顧客担当のトレーダー）を通じて、トヨタ自動車1000株の買い注文を出したとしましょう。すると、営業担当者はその注文を受けて、トヨタ自動車1000株の売買注文を、株式部内にいる場電担当に伝えます。その場電担当から、証券取引所にいる自分の会社の「場電」に、常時つながっている電話を通じて注文内容が伝えられ、その場電からは手サインで注文内容が「場立ち」に伝えられます。場立ちはその売買注文を、各証券会社が持ち寄った売買注文を付け合わせるポストに持っていき、そこで競い合うように注文の付け合わせが行なわれるのです。

　大口注文が入ったりして売買が活況な銘柄のポストはまさに人混みです。「ワァーッ」と大きな喧噪のなかで、場立ちは何とか自社の注文を少しでも早く執行しようと、もみ合いながら前に進みます。その時代の場立ちに求められたのはフ

ィジカルな強さだったので、一流大学出身者よりも、高卒であってもスポーツなどで鍛えてきた心身ともにタフな人材が多かったものです。

　そして、ようやく注文が成立したら、今度は注文が出されたときと逆の手順で、売買注文が約定されたことがお客様に伝えられていきます。まさに、手作業です。売買注文が出され、その約定内容がお客様のところに戻ってくるまでにかかる時間は、どんなに早くても数分はかかっていたでしょう。

　一部、「システム銘柄」といって取引所から提供された取引所端末を通じて売買ができる銘柄もありました。派生商品なども、主にはこういった取引所端末を通じて売買が行なわれていました。しかし、この取引所端末を設置させてもらうためにはさまざまな制約とコストがかかったため、まだ限定的な利用のされ方しかしていませんでした。

　それでもディーラーには、各自にその取引所端末が設置されており、自分の判断で直接注文を入力することができました。立会場銘柄については場電担当を通して電話発注するしかありませんでしたが、その場電担当は少なくとも同じフロアにいて、すぐに声をかけられる環境にありました。ディーラーにまだ高い環境の優位性があった時代だったのです。

　お客様の注文が、取引所に届くまでいくつものプロセスを通さなければならず、執行されるまで時間がかかるのに比べて、ディーラーは「いける」と思えば目の前に端末や場電担当がいて、すぐに注文を出せる環境があったのです。

決して「先回り」「フロント・ランニング」が許されていたわけではありませんが、お客様からみれば「ずるい」と言われてもおかしくはないぐらい、有利な環境を持っていました。

　では、そんなディーラーたちが妬まれたり、嫌われたりしていたのかというと、実はそうでもありませんでした。当時はまだディーラーと営業部門の壁はあまりつくられておらず、規制も緩い時代でした。顧客が大口の注文をさばきたいときや、投げたいとき（損失覚悟で売りたいとき）などに、市場には十分な買い注文がないこともあります。そんなとき、ディーラーが自己のリスクで買い向かってあげることで、お客様の注文執行をサポートするということもありました。市場の流動性を補完し、顧客注文の執行をサポートする役割も担っていたのです。だから、営業担当者から感謝されることすらあったのです。

　ただ、そんな緩やかな環境は不正の温床にもなりました。損失補塡・利益供与問題です。損失補塡は、証券会社のお得意様である大口優良顧客が受けた株式取引の損失を、証券会社が穴埋めしていたというものです。また同じように、大口優良顧客に対して、有利な取引を行なうことで利益供与するという行為も行なわれていました。これらは明確なルール違反ですから、証券会社には法的、社会的に厳しい制裁が課せられることとなりました。バブル崩壊後、収益確保にあえいでいた証券各社は、1990年代に入ると証券不祥事といわれた、

これらの問題に直面することになります。

そして規制が強化され、ファイヤーウォールという言葉がひんぱんに聞かれるようになりました。ディーラーは他部門から隔離されていくようになり、情報の遮断などから顧客注文のサポートや、流動性の供給という役割は失われていったのです。収益を上げることのみが至上命題となり、自己完結型の職種へと変化していきました。

このころのディーラーは正社員が基本でした。現在のように契約による雇用形態はほとんどみられず、普通の社員がディーリング部門に配属されてディーラーをやっていたのです。成功報酬（インセンティブ）もほとんどなく、年に数億円の利益を上げても賞与が百万円増えたとか、社長賞をもらったといった程度のものでした。会社側からみればいい時代です。

自分が新卒当初から取り扱っていた、当時の派生商品についても触れておきましょう。

日本発の先物って何だか知っていますか？　実は日経225先物ではありません。1987年に、「株先50」という商品を大阪証券取引所が上場したのがはじまりです。その株先50は、自分が業界に入ったころには消えゆく存在となりましたが、そのころには日経225先物やTOPIX先物が活発に取引されるようになっていました。

1990年前後、ソロモン・ブラザーズ証券が「裁定取引」で巨額の利益を上げ、それを見た証券各社は、こぞって裁定取引を行なうようになっていました。資金力が必要な運用で

はあるのですが、中小証券でも積極的にやっていたのです。それは、それだけ市場に大きな「隙間（収益機会）」があったからです。日経225と日経225先物の価格差が数百円開くことすらあったそうです。

そのころの相場解説者からよく聞かれたコメントは「先高感から先物が買われている」だったそうです。理論価格とSQといった仕組みをきちんと理解していれば、こんなにリスクも少なく美味しい取引はなかったのです。「商品の仕組みを理解することでミス・プライスを収益機会とする」ということはいまの時代でも大切なことなので、頭の片隅に覚えておいてください。

自分が所属していた派生商品のチームはこの裁定取引もやっていました。日経225の現物バスケットを買うということは225銘柄に一斉に注文を出さなければなりません。一つ一つ手打ちでやっていたのでは、時間がかかり過ぎて話にならないため、設備投資をして、システムで発注できる環境を整えていました（といっても、薄っぺらな8インチのフロッピーディスクで「ガチャ、ガチャ、ガチャ……」と注文が流れていくような代物でした）。そしてその約定内容がプリンターに出力され、その出力された約定価格をExcelやLotus1-2-3といった表計算ソフトに手入力していく。そのシートで計算して、ようやくその現物バスケットが、日経225にしていくらで買えたか売れたかを確認できるという流れでした。いまの時代からみると考えられないほど手間も時間もかかる作業です。それでも、収益を上げら

れるぐらい市場には隙間がたくさんあった時代だったのです。

　正直、この時代は株式ディーラーにとっては報酬という面では不遇だった半面、取引環境という面では非常に恵まれていた時代だったのだと思います。いくら取引システムが遅いといっても、お客様よりは圧倒的に優位な環境にありました。現代風にいうならば「レイテンシー・アービトラージ」ができる側にいたといっていいでしょう。

　お客様の注文が届く前に、より有利な環境を持つディーラーは市場に自分の注文を入れることが可能だったといえます。顧客注文の内容を知って、その先回りをすることは、当時でもフロント・ランニングとして禁止されていましたが、たとえば立会場の光景を思い起こすと、そこにはたしかにレイテンシー・アービトラージが存在していたと思えるのです。

　昔の場立ちは、取引所内に設けられた大手証券会社や外資系証券会社のブースに注目していました。ブースとは、各証券会社の場電担当者がいて、お客さんからの売買注文が送られてくるのを待っている場所です。

　ここに電話を通じて注文がくると、その証券会社に所属している場立ちに対して手サインで、取引する銘柄、株数などが伝えられ、それを受けた場立ちはポストまで走って、注文を成立させるという流れになるのですが、手サインはどの証券会社も基本的には同じなので、大手証券会社や外資系証券会社にいま、どれだけ大口の注文が入ったのかは、他の証券会社の場立ちからもよく見えるわけです。だから大口注文が

入ることの多い大手証券会社や外資系証券会社のブースにみな注目していたのです。それに気づいた他の証券会社の場立ちが、先を争うかのようにポストに走り出し、大手証券会社や外資系証券会社のその大口注文よりも、自己勘定でいち早く注文を出そうとしていたのです。超アナログではありますが、まさにレイテンシー・アービトラージです。

　ところが、そうした時代は終わりを告げます。1999年4月30日、東京証券取引所は立会場を閉鎖し、すべての注文の付け合わせをシステム化したため、そのような光景は見られなくなっていきました。そして大勢の場立ちは働く場を失いました。そして彼らの多くは、自己売買を行なう株式ディーラーへと転じたのです。ひと昔前の株式ディーラーに体育会系のタフな連中が多いのは、場立ち上がりといわれるディーラーがたくさんいたためです。

　そういう時代でも、ディーラーとして、うまくいく人、いかない人がありました。そういう差は相場や自分自身とどれだけしっかりと向き合えたかによって生まれていたように思います。それでも、市場には隙間がたくさんあり、ディーラーにとっては、勝てて当たり前といってもいいぐらい優位性のある環境だったのだと、いまにして思えば感じます。

　実際に、私自身もそれなりのディーラーになってからは月間でマイナスが出るということはほとんどありませんでしたし、第8章で解説したパフォーマンス分析をしてみると、当時の月間での勝率は90％ぐらいあったと思います。

Column
証券ディーラーの一つの役割

　ディーラーは「儲けること」が、その仕事の性質上、最大の目的であり、役割です。本文でも触れているとおり、時代を追って、ディーラーの役割はそこだけにフォーカスされるようになっていったと思います。しかし、もう一つ「流動性の供給者」という側面を忘れてはならないと思うのです。

　かつては、市場にとって、ディーラーの注文や売買が、その流動性を支える大切な存在でした。誰かが売りたいときに買い向かう、板がないときに価格を示すなどということもしていました。それが、時代とともに「マーケット・メーカー」といわれる存在にとって代わられていったのです。

　契約化が進んだ自己完結型のディーラーたちにとっては、そんな面倒なことをやっても、リスクはあるのにメリットがないし、負担にしか感じないでしょう。そして、いまの時代は取引が高速化・複雑化しているために、システムによって価格提示できる環境がなければ、なかなかマーケット・メイクはむずかしいものです。

　取引所においても、ディーラーの売買シェアは大きく減少し、HFTがそれにとって代わったため、「HFTがいれば流動性は十分だ」という声もたくさん聞かれるようになりました。ここ数年、マーケット・メーカーやHFTが市場の流

動性を支え、ディーラーの存在感は薄れる一途でした。

　私が若手のころは、取引所が新しい先物やオプションなどの商品を上場するとき、その商品を勉強し、理論的な適正価格をはじき出し、注文を出し、約定させ、商品の立ち上がりに協力するのは当然のことだと思っていました。その商品が成功し、活発に取引されるようになれば、自分の飯の種が1つ増えるし、市場のためにもなることですから。

　しかし、新しい商品を取引するためには、その都度システム面での投資や開発が必要になる時代となった一方、「それでいくら儲かるのかはわからないから」という理由で、対応しない証券会社も増えました。結果、ディーラーは、まったくといっていいほど、新しい商品のスタートから入ることはなくなり、取引所もマーケット・メーカーへの依存を強めていったのです。

　マーケット・メーカーは基本的に、受動的にしかリスクをとりません。それに対して、ディーラーは積極的に相場観でリスクをとれる存在です。そんな存在が取引に入ることで、注文がぶつかり合い、市場は形づくられていくものなのです。市場の多様性はとても大切なことです。市場に流動性を供給し、市場の発展に資する。そんな役割をいま一度思い出してみてもいいのではないでしょうか。

　一時は「絶滅危惧種」といわれた存在が、市場の発展・活性化を支える存在として復活する。市場関係者の方々に、「ディーラーは必要だ」と思ってもらえるように頑張ることは、この業界の未来にとっても大切なことだと思うのです。

SECTION 9-2

2000年前後──
ITバブルとその崩壊

　1990年代は、バブル崩壊後、日本社会全体があえいでいた時代であり、金融不安が高まり、住専問題や証券不況、証券不祥事が紙面を騒がせ、山一證券や北海道拓殖銀行、日本長期信用銀行など、大手金融機関が軒並み経営破綻し、その他の金融機関・証券会社も生き残りをかけて次々と合併していきました。

　個人的に強く印象に残っているのは、日経225先物を使い、SIMEX（現在のSGX、シンガポール取引所）を舞台に、たった一人のトレーダーによって英国名門銀行ベアリングスが破綻した1995年のベアリングス・ショックです。同じ舞台で、同じ商品で、市場を通じてぶつかっていた相手であっただけに、市場に対して傲慢であってはいけないということを思い知らされた事件でした。

　その数年後、私は初めての転職・移籍を経験しました。まだ若手でしかなかった私にとっては、まさに背水の陣でした。ディーラーとして転職するからには、そこで成果を上げられ

なければ、異動ではなく、解雇を覚悟でいかなければなりません。収益を上げるために必死だった私は、先物を中心に取引をさせてもらってはいましたが、個別株式もやらせてほしいと上司にお願いをして、さまざまな取引を手がけるようになっていました。

　「インターネット」という言葉がまだ目新しく、話題になり始めたころです。オプション取引をやるために、プログラミングまで覚えていた私にとっても面白い時代でした。「時代が変わる」という期待を抱かせてくれるような変化が起きようとしていました。紙面に「インターネット」という言葉が出ない日はなくなり、「ネット関連」といわれる企業の株価が高騰しはじめます。ハイテク企業は軒並み株価を上げていき、まさにバブルの様相を呈していきました。ディーラーのあいだでは「ストップ高は目をつぶって買い（だいたい翌日は買い気配でスタートする）」などという会話が飛び交っていたぐらいです。ITバブルと呼ばれる上昇相場です。

　そのバブルが終わりを告げる前ぐらいから、アナリストのレポートにちょっとした変化がありました。高騰し過ぎた株価を正当化するかのような、まさに屁理屈が増えてきたのです。PER、PBR、ROEなどの従来の指標ではとても正当化できない水準まで株価が上がってしまったため、「株式含み益」を株価の算定基準に含めるようになっていました。ちなみに、1980年代後半のバブル時代には「Qレシオ」というのがあったそうですから、バブルの終焉前に起きる1つのシ

グナルとして覚えておいたほうがいいかもしれません。

　さて、背水の陣で転職した私にとっては、ネットバブルは幸運でした。風が吹いたとでもいうのでしょうか。まだ若く、怖いもの知らずであった私は、ガンガン攻めていきました。収益水準は急速に伸びていき、全体でもトップクラスの収益を上げられるところまで成長しました。先物も個別株式も売買できる環境にありましたが、そのころの収益は圧倒的に個別株式によるものでした。たまに先物を売買するときでも、日経225先物ではなく、TOPIX先物でやるようにしていました。それには理由があります。

　当時の日経225には、ハイテク企業があまり含まれておらず、重厚長大産業といわれる鉄鋼や素材関連といった業種の銘柄が多く含まれていました。つまり指数構成銘柄の問題から、日経225はITバブルからは蚊帳の外に置かれがちだったのです。一方で、TOPIXは東証1部全銘柄でしたから、急激な株価上昇で時価総額を大きく増加させていたソフトバンクや光通信といった銘柄が指数構成比率の上位を占めるようになっていたのです。そういう指数の違いを理解できていたから、当時の先物でのディーリングは日経225ではなく、TOPIXを選択していたわけです。第6章で触れた2000年4月に日経225採用銘柄の大量入替が実施されたのはこういった背景があったのですが、株価指数の仕組みを知っておくことが、ディーリングに役立った一つの事例です。

　そのころからディーラーを取り巻く環境は激変していきま

す。正社員が中心であった1990年代には、その報酬はあまりにも低く、欧米のヘッジファンドが「Two-Twenty」と呼ばれる報酬体系（管理報酬2%、成功報酬20%）であったことに比べると大きく見劣りしていました。それに不満を抱いたディーラーたちから、報酬の引き上げ要求が強まっていったのです。一方で、ディーラーにばかり成功報酬を付与して待遇を良くしていくことは、他部門の一般社員からの反発を招きかねません。その解決策として「ディーラーの契約化」が進んでいくことになったのです。基本的には、1年ごとの契約更新、実績が上がらなければ解雇される。契約ディーラーにはそういうリスクがあるのだから、実績に応じた報酬は支払っていく。会社側としては、それによって全体のバランスを保とうとしたわけです。そして「契約」という雇用形態が一般的になっていきました。

　この雇用形態の変化はディーリング業界にも大きな影響を与えました。ディーラーたちは自分自身の雇用を守るためにも収益を上げることを最優先で考えるようになり、人を育てることや、会社や組織全体のために何かをするということがなくなっていきます。そして、成功報酬の高騰はヘッジファンドと同水準である20%にとどまることなく、2000年代に入ってもさらに高騰していきました。

　一方、証券業界全体をみると、ITバブルとともに生まれてきた「ネット証券」という存在は、対面営業に依存してきた中小証券にとっては脅威でした。新しいインフラを使いこ

なせる若い世代の顧客はどんどんネット証券へと流れていきます。法人営業では大手証券や外資系証券、銀行系証券に太刀打ちできず、中小証券は未来を描きづらくなっていきます。結果、優秀なディーラーを集めて、ディーリングによる収益獲得を目指す会社が増えていったのです。

そして優秀なディーラーの引き抜き合戦が始まります。それは一方で、引き抜かれる会社側からみたときに、お金と時間をかけてディーラーを育てても、簡単に引き抜かれてしまうというリスクにつながり、業界全体として人を育てるという姿勢が失われていきました。そうなると、一層ディーラーは自己完結型になっていきます。まさに外人部隊のようなイメージです。会社の内部でも「ディーラーさん」という呼び方を他部署の人たちはするようになっていきました。

そういった流れは、ディーラーの孤立化を招き、1990年代の裁定取引などのように、組織として新しいことに取り組んでいくことや、大がかりな設備投資などもされなくなっていきました。それは研究開発投資や設備投資、人材育成をやめた企業と同じと言い換えてもいいかもしれません。

それでもその時代はディーラーにとってはわが世の春といってもいい時代でした。

取引のシステム化が進んだといっても、まだまだ処理能力が遅い状態で、人間による目視での取引が基本でした。当時はまだ売買手口が公開されていたため、玉読み（どこがどんなポジションを持っているか）、板読みなどがやりやすく、モニターに

映る板画面越しに、市場参加者の雰囲気や熱気のようなものがまだ感じられました。「この売り板とったら、踏んでくる」とか、「ここを叩いたら、投げが出る」とか、そんな板を通した戦いがありました。

　2000年を迎える前あたりから、中小証券による裁定取引もなくなり、1990年代ほどの市場の隙間はなくなっていったものの、それでもまだ十分に収益機会もあり、何よりもディーラーへの報酬が高騰していった時代です。年収にして億を超えるディーラーが何人も出てきて、当時まだあった長者番付には、中小証券のディーラーの名前が出てくることもありました。中小証券のディーラーから、シンガポールに渡ってヘッジファンドを立ち上げる人も出てくるなど、業界的にも勢いがありました。

　そんななか、2003年に東証が売買手口の非公開を決定します。それまでは大きな買い注文が入ると、どの証券会社が買ったのかがわかり（それこそ一定以上の大きい注文ではアナウンスすらされていました）、それが大手証券や外資系証券だと「提灯をつける」追随買いが一気に入ったりしていたものです。大きな買い注文を入れたのが中小証券だったりすると、ディーラーの玉と読まれて、他社のディーラーなどから売り向かわれることもしばしばありました。大物ディーラー同士だと、互いにどの会社の誰々であるというところまで、ある程度予想できたり、その会社のロスカットルールなども、ある程度は知られていたりしたので、お互いにつぶし合ったりということ

第9章　マーケットプレーヤーの変化とトレード手法の変遷

もよくあったのです。

「提灯をつけられる」ことを大手証券や外資系証券はあまり快く思ってはいなかったのでしょう。手口非公開を望む声も強く、取引所もその声に従ったのです。それはディーラーにとっては「玉読み」の手段の一つが奪われる一方で、幸運な副作用も生まれました。大物ディーラーにとっては大きな玉で一気に買っても、手口がばれることなく、自分の買いに提灯がつくようになったのです。

そして株ブームといわれた2005～2006年にかけての株価上昇がありました。個人投資家が急速に増加し、「100万円を○億円にした」といったようなタイトルの書籍が本屋に並ぶようになりました。ネット証券の台頭により、個人投資家との環境格差は少なくなっていきましたが、まだディーラーのほうが情報量なども含めて優位な環境にあり、ディーラーたちの派手な稼ぎ方、遊び方は週刊誌にすら取り上げられていました。最盛期には2000人とも3000人ともいわれるディーラーが株式市場で活発に取引を行ない、先物の売買手口上位には日系証券が、そのディーラーの売買によってズラリと顔を並べていました。ディーラーたちはまさにわが世の春を謳歌していたのです。

SECTiON 9-3

2010年前後──
リーマン・ショック、そしてHFTの台頭

　2007年に米国でサブプライム・ローンの焦げ付きが生じ、サブプライム・ショックが深刻化していきました。2007年4月には米大手銀行のニューセンチュリー・ファイナンシャル、同年7月にはベア・スターンズが実質破綻、8月にはパリバ・ショックといわれる大混乱が起きました。その影響で、2008年9月に米大手投資銀行のリーマンブラザーズが破綻したのです。世にいうリーマン・ショックによって、世界的に株価が急落。日本もその影響を受けました。

　その相場急落でディーラーたちも苦しんだかというと、必ずしもそうではありませんでした。個別株式を扱うディーラーは買いに偏りがちなところがあり、苦戦した人も少なからずいましたが、派生商品を扱うディーラーは、売りからでも積極的に入ることができる人が多かったため、急激に上昇したボラティリティは大きな収益機会にすらなったのです。短期売買においては、値動きのある銘柄、ボラティリティこそが収益機会になりました。そのためリーマン・ショック自体

はディーリング業界に、決して大きなダメージを与えたわけではなかったのです。

しかし、2006〜2007年あたりから生まれてきたある兆候に、ディーラーは苦しまされることになります。それは、外国人投資家の日本の株式市場での売買シェアが増大するとともに、日本時間で市場が動くことが少なくなり、市場が大きく上昇しても夜間のあいだに水準が上がってしまい、高寄りした後、日本時間ではあまり動かないという状況です。

そのころ、私が分析した資料では日経225が1か月で1500円上昇していても、日本時間で、寄付きから引けまでのあいだに上昇した値幅の合計は、わずか200〜300円にとどまるといった状況でした。その上昇のほとんどが夜間に生じていたのです。

そしてそのころの欧米市場では、アルゴリズム・トレーディングやHFTといった聞きなれない存在が急速に台頭してきていたのです。日計りに依存することの危険性を私が強く意識しはじめたのは、そのころでした。そして、その日がやってきたのです。

2010年1月4日。東証アローヘッドが稼動します。これが中小証券のディーリング部門に大きなダメージを与えることになりました。東証アローヘッドとは、東京証券取引所が提供する最新の株式売買システムです。

当時、世界の証券取引所は積極的な設備投資を行ない、高速に売買を執行できる環境を整備しつつありました。そうし

た環境整備を後押ししたのは、欧米市場で急速に台頭していたHFTなど、その高速な取引環境を利用して収益を上げる新しい市場参加者のあり方でした。

アローヘッド稼動以前の日本の株式市場の執行システムは、その処理能力が非常に低く、注文を出しても約定電文が返ってくるまでに時間を要していましたし、注文が殺到するような事態になると数十秒〜数分単位の遅延が、しばしば起きるような状態でした。このままでは日本の証券取引所が、世界の取引所競争に取り残されてしまうと考えた東証は、売買システムを刷新したのです。これは時代の変化、テクノロジーの進歩に沿ったものであり、当然の流れだったのだと思います。

しかし、それはわれわれディーリング業界にとっては致命的な変革になったのです。たとえるなら、幕末の日本です。鎖国していた日本の侍たちは、ちょんまげに刀で自分たちの強さを誇示し、それがいつまでも続くものと信じて疑いませんでした。開国によって、世界から取り残されていた自分たちの状況に慌てふためき、開国反対を唱え、自分たちの権益を守ろうとしましたが、時代の流れに逆らうことはできませんでした。

旧態依然とした取引所の売買システムが、HFTなど最先端の取引技術を持つ市場参加者の参入を阻害し、その参入障壁によって守られてきたのが、当時のディーリング業界だったのです。アローヘッド稼動をきっかけにHFTが一気に参

入し、それが日計りに依存していたディーラーたちを直撃しました。自分たちの板読みが通用しなくなり、注文を出しても後手後手に回るようになっていきました。HFTと同じ土俵である日計り・超短期売買に依存しきっていたディーリング業界は危機に瀕することになったのです。

　ただ、そうなったのは、アローヘッドのせいでもHFTのせいでもなく、研究開発投資や設備投資、人材育成も怠ってきた、ディーリング業界自身が招いた苦境だったのだろうと思います。そのころからでしょうか、われわれが「絶滅危惧種」と揶揄されるようになったのは。それはわれわれの業界が歩んできた道のりを振り返ると、当然の帰結だったのかもしれません。

　また、東京証券取引所が2014年から段階的に実施した呼値適正化も、日計りに依存していたディーリング業界にダメージを与えることとなりました。呼値が細分化され、細かくなったことや、上下で見ることができる範囲が狭まってしまったことなどで、それまでの板読みのテクニックが通じなくなってしまったり、目まぐるしく動く板に目視では追いつけなくなっていってしまったのです。

　この制度改定については、HFT側も批判的だったところが多かったことはあまり知られていませんが、彼らにとっても、収益の源泉であるスプレッドが狭まることは好ましい変化ではなかったのです。

　個人投資家の売買環境は、ネット証券の企業努力により改

善を続け、より高速かつ安定的なものになっていき、取引の自由度の高さもあいまって、大きな成功を収める個人投資家が次々に生まれていきました。その一方で、ディーリング業界の未来は暗いという状態が続き、いつのまにか立場が逆転してしまったように感じます。

　それでもすべてがダメになってしまっていったわけではありません。時代の変化に適応すべく努力し、より高いレベルの運用ができるように進化したディーラーたちも少なからずいます。私も、いまでは現役を退き、マネジメントの立場にありますが、彼らとともに未来を切り拓くべく、日々取り組んでいます。現在、所属している山和証券では、50名弱のディーラーが所属し、新卒や未経験者の中途採用でのディーラー育成にも取り組み、それぞれの運用手法も、実に多岐にわたっています。一時は絶滅危惧種と揶揄されるまでになりましたが、現在では、新しいビジネスモデルへの取り組みや研究開発、人材育成に取り組んでいます。そんな彼らとともに切り拓く未来を自分は楽しみにしながら日々の仕事にあたっています。

SECTION 9-4

2020年以降——
FinTechが変える未来

　これからの時代もわれわれを取り巻く環境は変化し続けるでしょう。2017年は「AI」「仮想通貨」「クラウドファンディング」といったFinTech関連の言葉を紙面で見ない日はありませんでした。かつて「インターネット」という言葉が登場したときと同じように、われわれの世界におけるシンギュラリティ（技術的特異点）は、もうそう遠くない日に迫っているのかもしれません。

　ただ「AIが人間を駆逐し、人間が不要になる未来」を私は想像していませんし、そういう形で、そのときを迎えることがないようにしていきたいと強く願っています。一方で、HFTのときと同じように、AIをただ自分たちの存在を脅かすものとしてとらえていたら、きっと不幸な未来が待っているだろうとも思うのです。AIベンチャー企業の方々や、研究者の方々とも接点を保ちながら、われわれなりに学んでいく努力をしていく必要があると考えています。

　市場は、たとえるなら大自然と同じようにさまざまな表情

をみせます。ただ穏やかな1日もあれば、暴風が吹き荒れる日もある。その変化を予測し、その動きに対応することはたとえAIであっても容易なことではありません。

2009年に「Battle of Quants」というイベントにパネリストとして招いていただき、5名のパネリストの1人として議論したことがあります。3名はHFTやクオンツなどテクノロジーを活用した新しい取引モデルを持つ方々で、私ともう一人の英国人トレーダーが人間による取引を行なう立場でした。テーマは「機械 vs 人間」。機械側の3人と名刺交換をしたら、驚くことに「Trader」という肩書きを持つ人は一人もおらず、「Professor」「Scientist」ばかりだったのです。正直、ちょっと気後れしました（たとえるなら、ガンダムを目の前にした旧ザクの気分です）。

しかし、パネル・ディスカッション後の聴衆の声は違っていました。機械側の運用者たちの前年の運用成績は、決して褒められたものではなかったのです。2009年の前年といえば、リーマン・ショックの年でした。市場はパニックに陥り、恐怖や感情が市場を支配し、過去のデータでは測りきれない不安定な動きを市場が示した1年だったのです。そういったマーケットにおいては、そのころはまだ人間のほうが機械より適応能力が高いことを示すことができたのです。

メンタルコントロールは人間にとっても難題であり、弱点でもありますが、人間だからこそ市場を覆う不安心理や危険を感じられることもあります。たとえシンギュラリティが起

きる日がきても、決して、人間が優位性を持つところが一つもなくなるわけではありません。

　人間の弱さを知り、AIの弱さを知り、人間の優位性を知り、AIの優位性を知る。そのうえで相互の弱さを補完し合えるような関係を築いていく未来。

　現在を知り、未来を想像し、その未来に自分たちのあるべき場所を創造していくこと。株式ディーラーとAIとの共存共栄も十分に可能だと私は信じています。

工藤哲哉（くどう　てつや）
丸万証券（現東海東京証券）入社、オプションを中心にディーラーとして運用の世界に入る。大東証券（現みずほ証券）に移籍し、現物株および派生商品でのディーリングを行なう。並行して業界活性化、交流の拡大を目的としたNPO法人「金融証券マーケットフォーラム」を業界の有志とともに立ち上げる。アイザワ証券に移籍後は先物を中心にディーリングを行ないながら人材育成に取り組む。シンガポールに渡りヘッジファンド立ち上げなどに取り組んだ後、現在は業界屈指の自己売買部門を持つことで知られる山和証券の執行役員ディーリング部長（兼シンガポール支店長）としてマネジメントとディーラー育成を行なっている。

百戦錬磨のディーリング部長が伝授する
「株式ディーラー」プロの実践教本

2018年4月1日　初版発行

著　者　工藤哲哉　©T. Kudo 2018
発行者　吉田啓二
発行所　株式会社日本実業出版社　東京都新宿区市谷本村町3-29　〒162-0845
　　　　　　　　　　　　　　　　大阪市北区西天満6-8-1　〒530-0047
　　　　編集部　☎03-3268-5651
　　　　営業部　☎03-3268-5161　振　替　00170-1-25349
　　　　　　　　　　　　　　　　http://www.njg.co.jp/

印刷／壮光舎　　製本／若林製本

この本の内容についてのお問合せは、書面かFAX（03-3268-0832）にてお願い致します。
落丁・乱丁本は、送料小社負担にて、お取り替え致します。

ISBN 978-4-534-05578-1　Printed in JAPAN

日本実業出版社の本

定価変更の場合はご了承ください。

日本株　独学で60万円を7年で3億円にした実践投資法

堀哲也
定価 本体1400円(税別)

リーマン・ショックで投資資金を60万円まで減少させた投資家が、独学で編み出した、大きく上がる銘柄を選び出す手法を公開。個人投資家が、大化け銘柄を選び出すために必須の本。

本当にわかる　株式相場

土屋敦子
定価 本体1600円(税別)

外資系証券のアナリストや日本株投資責任者などを経て、自らの運用会社でヘッジファンドマネジャーを務める著者が、株式相場のしくみやプロの投資ノウハウを解説する定番教科書。

儲かる! 相場の教科書
移動平均線　究極の読み方・使い方

小次郎講師
定価 本体1500円(税別)

超人気投資トレーナー・小次郎講師が、独自ノウハウである「移動平均線大循環分析」と「大循環MACD」を初めて体系的に解説。「無料プラクティス動画」など読者特典付き!